Marie-Pierre Morel

L'Evangile de l'Enfance

Marie-Pierre Morel

# L'Evangile de l'Enfance

## selon Luc, selon Matthieu

Éditions Croix du Salut

**Impressum / Mentions légales**
Bibliografische Information der Deutschen Nationalbibliothek: Die Deutsche Nationalbibliothek verzeichnet diese Publikation in der Deutschen Nationalbibliografie; detaillierte bibliografische Daten sind im Internet über http://dnb.d-nb.de abrufbar.
Alle in diesem Buch genannten Marken und Produktnamen unterliegen warenzeichen-, marken- oder patentrechtlichem Schutz bzw. sind Warenzeichen oder eingetragene Warenzeichen der jeweiligen Inhaber. Die Wiedergabe von Marken, Produktnamen, Gebrauchsnamen, Handelsnamen, Warenbezeichnungen u.s.w. in diesem Werk berechtigt auch ohne besondere Kennzeichnung nicht zu der Annahme, dass solche Namen im Sinne der Warenzeichen- und Markenschutzgesetzgebung als frei zu betrachten wären und daher von jedermann benutzt werden dürften.

Information bibliographique publiée par la Deutsche Nationalbibliothek: La Deutsche Nationalbibliothek inscrit cette publication à la Deutsche Nationalbibliografie; des données bibliographiques détaillées sont disponibles sur internet à l'adresse http://dnb.d-nb.de.
Toutes marques et noms de produits mentionnés dans ce livre demeurent sous la protection des marques, des marques déposées et des brevets, et sont des marques ou des marques déposées de leurs détenteurs respectifs. L'utilisation des marques, noms de produits, noms communs, noms commerciaux, descriptions de produits, etc, même sans qu'ils soient mentionnés de façon particulière dans ce livre ne signifie en aucune façon que ces noms peuvent être utilisés sans restriction à l'égard de la législation pour la protection des marques et des marques déposées et pourraient donc être utilisés par quiconque.

Coverbild / Photo de couverture: www.ingimage.com

Verlag / Editeur:
Éditions Croix du Salut
ist ein Imprint der / est une marque déposée de
OmniScriptum GmbH & Co. KG
Heinrich-Böcking-Str. 6-8, 66121 Saarbrücken, Deutschland / Allemagne
Email: info@editions-croix.com

Herstellung: siehe letzte Seite /
Impression: voir la dernière page
**ISBN: 978-3-8416-9959-6**

Copyright / Droit d'auteur © 2015 OmniScriptum GmbH & Co. KG
Alle Rechte vorbehalten. / Tous droits réservés. Saarbrücken 2015

# L'Evangile de l'Enfance

## selon Luc, selon Matthieu

### Marie-Pierre Morel

*« L'Esprit-Saint viendra sur toi... »*

*En guise de préface*

*Bref : « Neminem fugit » (14 juin 1892), du pape Léon XIII*

*« Lorsque le Dieu miséricordieux eut décidé d'entreprendre la Rédemption du genre humain, attendue depuis tant de siècles, il disposa son ouvrage de manière à reproduire ce qu'il avait déjà établi dès le commencement à l'origine du monde. Il a montré ainsi ce qu'était la famille établie sur des bases divines. Et c'est là que tous les hommes auraient sous les yeux l'exemple le plus absolu de toute vertu et de toute sainteté. Cette illustre famille fut celle de Nazareth. C'est là que le Soleil de justice fut caché avant de resplendir sur toutes les nations : le Christ, Dieu lui-même, notre Sauveur, en compagnie de sa mère vierge et de Joseph, homme très saint qui s'acquitta envers Jésus du privilège paternel. C'est là, sans aucun doute, que Dieu reçut les plus grandes louanges, du fait même de cette société et de ses habitudes domestiques toutes remplies d'un mutuel amour, du fait de la sainteté de ses moeurs et de sa continuelle piété. Et c'est là dans cette sainte famille que Dieu a laissé un document qui serait la charte de celles qui adviendraient dans le futur. Voilà pourquoi, précisément, il est dans le conseil de la divine providence que tous les chrétiens, quelles que soient leur situation ou leur condition, portent leur attention sur elle, et qu'ils y trouvent une raison et une invitation pratiques et faciles à l'exercice de quelque vertu que ce soit. »*

\*\*\*

## *Chapitre 1 - Selon Luc, en son prologue*

**1/1** – *« Puisque précisément plusieurs ont entrepris de composer un récit des faits accomplis parmi nous, d'après ce que nous ont transmis dès le commencement les témoins oculaires et serviteurs de la parole, il m'a paru bon à moi aussi, qui ai tout vérifié avec soin depuis le début, de t'en écrire, avec ordre, cher Théophile, afin que tu reconnaisses la solidité des enseignements que tu as reçus. »* [1]

Une lettre à son ami Théophile : ainsi se présente le troisième évangile selon saint Luc. Qui était-il ce « Théophile » ? Nous n'en savons rien. « Un ami de Dieu », puisque tel est l'étymologie de son nom, un ami de Dieu comme vous et moi, vous qui ouvrez cet ouvrage et cette lettre de Luc. Elle vous est adressée, elle m'est adressée. Et je vais essayer, avec la grâce d'En Haut et l'assistance de l'Esprit Saint, de la mettre en lumière, dans ses premiers chapitres.

Le troisième évangile : il fait suite aux deux premiers non seulement dans l'ordre canonique, mais aussi dans le temps. Saint Luc lui-même l'atteste au début de sa lettre : *« Puisque précisément plusieurs ont entrepris de composer un récit des faits »*.

Saint Matthieu, le premier, écrivit en hébreu (peut-être araméen) au témoignage de Saint Irénée : *« Car Matthieu chez les Hébreux, produisit un Evangile dans leur propre langue »* (Contre les Hérésies, Livre III). Il importait, d'abord et avant tout, d'instruire et de persuader la Synagogue, coupable, hélas ! du meurtre du Christ. Et remarquez-le bien : il écrivit *« chez les Hébreux »* : Matthieu se trouve en Palestine, lors de sa rédaction. *« Il fut écrit en Judée »* confirme une inscription copte [2].

---

[1] - J'ai commencé cet ouvrage pensant commenter l'Evangile de Luc dans sa totalité, d'où ces explications pour le prologue que je vous livre.

[2] - Extrait d'une inscription copte dans une chapelle de la montagne d'Assiout, datée du 6ème ou 7ème siècle, représentant un texte beaucoup plus ancien. (Voir les travaux du Père Lagrange de l'école biblique de Jérusalem et son commentaire de « L'Evangile selon saint Luc », Gabalda 1941, introduction, Ch.1er, p XIII)

Reprenons le cours des événements. Le Christ fut crucifié, puis est ressuscité en l'an 30 [3]. Le martyre d'Etienne qui déclencha le premier exode de l'Eglise (Act. 11/19 s.), et l'établissement de celle-ci à Antioche de Syrie, date de la décennie trente. Ce premier évangile est cité par la *« Didachè »* [4], écrit grec daté entre les années 40 et 60 [5]. Des fragments de papyri ($P^{64}$ (ou grec 18) et $P^{67}$) du premier évangile sont eux-mêmes datés des années 50 [6]. Pas de doute : Matthieu a écrit dès la première décennie qui a suivi la Pentecôte. Et pour cause : l'envoi en mission demandé par le Christ exigeait la mise par écrit de ses enseignements et de sa vie.

Quant à Marc, consultons, là encore, Saint Irénée : *« Après leur exode, Marc disciple et interprète de Pierre nous transmit par écrit les choses même qui avaient été annoncées par Pierre »* (Contre les Hérésies, Livre III). Une lettre de saint Clément précise: *« Quand à Marc, lors du séjour de Pierre à Rome, il écrivit un récit des Actes du Seigneur ».* *« Il fut écrit en Italie »,* confirme l'inscription copte de notre chapelle mentionnée ci-dessus. Cet *« exode »* fut le premier de Pierre à Rome, qui suivit sa sortie miraculeuse de la prison d'Hérode au début des années 40, et avant son retour en Judée, après la mort d'Hérode (datée 44), pour le concile de Jérusalem (en 49). [7] Pierre s'adjoint le disciple « Marc » de son nom latin, « Jean » de son nom juif (Act.12/12) : ayant un pied dans chaque culture, il pourra lui être d'un précieux secours. L'Evangile de Marc fut donc écrit dans les années quarante, en grec, la langue méditerranéenne du temps - le latin restant la langue impériale et juridique du

---

[3] - Voir la synopse du père Lagrange et son tableau chronologique inclus.
[4] - Didachè : mot grec qui veut dire « enseignement », il s'agit de l'enseignement des Apôtres.
[5] - Par J. P. Audet, *« car on n'y trouve si peu que rien des signes de persécutions ou de « défaillances » et avec eux du souci de consolider la doctrine et la structure, si caractéristiques des années 60 ».* Voir son livre sur la « Didachè » p.147. (Gabalda 1958).
[6] - Par le papyrologue Carsten Peter Theide de Paderborn, élève du prestigieux Edgar Lobel au Queen's college, papyrologue d'autorité mondiale.
[7] - *« Il existe un ensemble imposant d'indices, à la fois inscriptions et tradition littéraire, suggérant que Pierre fut associé à Rome bien plus longtemps que lors de son bref séjour à la fin de sa vie »* écrit John Robinson, évêque anglican de Woolwich dans son livre paru en 1976, et traduit en français en 1987 : « Redater le Nouveau Testament » ; *« Ces indices furent réunis par G.Edmundson dans ses conférences de Bampton en 1913 : « The Church in Rome in the first century ».* (Robinson, id.) thèse partagée par Oscar Cullman dans son ouvrage : « Saint Pierre, disciple, apôtre, Martyr » (1952). Voir également les travaux du frère Bruno Bonnet-Eymard sur ce point. Voyez aussi nos « Racines hébraïques » : le mot « Evangile ».

gouvernement romain. Marc raconte les événements de la vie publique du Christ, ceux accessibles à tous, aux païens comme aux Juifs, et que l'on nomme le « Kérygme ». Un fragment de ce 3ème Evangile fut retrouvé à Qumram (1947) : « *manuscrit 7 Q 5* » (= manuscrit n° 5 de la 7ème grotte). Il est daté de l'année 50, « *date la plus probable* » par le même papyrologue Peter Theide.

Si Marc fut, depuis Rome, « l'écrivain de Pierre », Luc fut celui de Paul, au témoignage, toujours, de Saint Irénée : « *Et Luc aussi, disciple de Paul, mit dans un livre l'évangile prêché par celui-ci.* » (Contre les hérésies, Livre III).

Où ? Quand ? Comment ? Pourquoi ?

Où ? - Nous apprenons par différentes sources : Eusèbe, Saint Jérôme et autres manuscrits grecs et d'Ancienne Latine [8], que Luc était d'Antioche de Syrie. [9] Il n'était pas juif, mais de culture grecque. [10] Quand fut-il touché par la grâce ? A la première évangélisation de cette nouvelle capitale chrétienne, ou avant ? Nous ne le savons pas. Remarquons qu'il n'est jamais appelé « disciple du Seigneur », mais « *disciple des apôtres* » (par Saint Irénée, et autres), avant de devenir « le disciple de Paul », lequel arriva dans la ville, amené par Barnabé, depuis Tarse, vers les années 43-45. (Act.11/25-26). Et, de fait, son second récit : « *Les Actes des Apôtres* », adressé au même Théophile son ami, (1/1) nous le montre très informé de ce qui se passe dans l'Eglise d'Antioche. On y apprend sous sa plume que, dès la seconde mission de Paul en Galatie, Macédoine et Grèce, lui, Luc, est à ses côtés : il emploie dès lors la première personne du pluriel : « *nous...* » (Act. 16/9-10). Années 50-52. Lors du transfert de Paul à Rome, sous les fers – après son arrestation et son emprisonnement deux ans durant à Césarée (années 57-59) - Luc est encore du voyage. Il accompagne dans l'épreuve celui qu'il considère comme son père dans la

---

[8] - Cités par le père Lagrange dans son commentaire de Luc, pages XIV à XVII.
[9] - C'est à Antioche que les disciples du Christ furent appelés chrétiens par les païens, alors qu'en Palestine ils étaient appelés Nazaréens par les Juifs. (Act. 11/28).
[10] - Voir Col. 4/10-11 et 14.

foi. Saint Paul l'atteste dans sa lettre aux Colossiens écrite depuis ce nouveau lieu de captivité : *« Luc, le médecin bien-aimé, vous salue ».* (Col. 4/14). Nous apprenons ici que ce disciple bien-aimé était médecin, propre à soulager la santé si éprouvée de l'apôtre. Mais, plus que le médecin, c'est l'ouvrier de la Parole, le *« collaborateur »* de ses oeuvres et de son témoignage, que Paul apprécie (Billet à Philémon, v. 24, écrit lui aussi depuis Rome).

Saint Paul reviendra en Palestine : mission risquée auprès des Juifs endurcis ! Luc est toujours auprès de lui, en compagnon fidèle (emploi du *« nous »*, Act. 20/5). Lors de la seconde arrestation de l'Apôtre, il ne pourra rien faire, et derechef reprendra avec lui la route de Rome, où il l'assistera dans cette seconde captivité : *« Luc seul est avec moi »*, confie Paul à son disciple Timothée (Tim. II-4/11), alors que Démas l'a abandonné (id. 4/10). Luc demeure, indéfectible, aux côtés de l'apôtre rejeté, et bientôt décapité. Nous sommes en l'année 67, date de la seconde captivité et du martyre de Paul, martyre que les « Actes » ne racontent pas : preuve que Luc a arrêté son récit avant cette issue fatale, donc que ce récit fut écrit avant la mort de Paul, et l'Evangile de Luc avant les Actes.

Où l'a-t-il écrit ? puisque telle est la question posée. Nous avons des indications dans la Tradition : saint Jérôme affirme qu'il le rédigea *(« condidit volumen »)* *« dans les régions de la Boétie et de l'Achaïe »*, c'est-à-dire en Grèce, mention que l'on retrouve dans notre inscription copte de la chapelle d'Assiout : *« Il écrivit cet évangile en Achaïe »*, ainsi que dans nos manuscrits grecs et d'ancienne latine. *« C'est là (en Grèce) surtout qu'il a prêché »* renchérit saint Grégoire de Naziance. *« Il y a donc une tradition relativement ancienne et répandue que Luc a écrit son Evangile en Grèce »* conclut le père Lagrange ; et d'ajouter : *« Il n'y a rien à objecter à cette tradition. »* Et de fait, ce père précise : « Le troisième évangile a été pensé et écrit pour les Grecs ». En Achaïe se trouvait l'Eglise de Corinthe, si chère à saint Paul.

Quand saint Luc a-t-il rédigé son évangile, ce *« récit des faits »* ? Nous avons une date butoir donnée par la deuxième épître aux Corinthiens qui fut écrite à la fin de l'année 57, depuis la Macédoine. Dans cette lettre, saint Paul annonce aux chrétiens de Corinthe : *« Nous vous envoyons le frère dont toutes les églises font l'éloge en raison de son évangile »* (8/18 s.) Quel frère ? - Saint Luc, au dire même de saint Jérôme, qui précise : *« Toutes les fois que saint Paul parle de l'évangile, c'est de l'évangile de saint Luc qu'il veut parler »*. Et de fait, la Tradition est unanime, consacrée par la liturgie : nous lisons en effet, pour la fête de saint Luc (le 18 octobre), ce passage de Paul en première lecture de la messe du jour. Le frère « évangéliste » qui se trouve auprès de Paul est précisément Luc. *« Toutes les églises en font l'éloge »* : y compris bien sûr l'église de Corinthe ! Le manuscrit fut recopié de mains en mains dans toute la Grèce et l'Asie mineure, terres de mission de l'Apôtre des nations. Si toutes les églises de Paul connaissent l'évangile de Luc dès la fin 57, c'est qu'il fut écrit bien plus tôt.

Nous sommes donc assurés par tout ce faisceau de preuves, que les trois synoptiques datent des 20 à 25 premières années qui ont suivi la Pentecôte.

Comment l'a t'il écrit ? - Dans un grec littéraire soigné, pour des hellènes souvent raffinés. Il compose un récit des faits, méthodique, chronologique, donc aussi géographique, en véritable homme de science. Il y travaille sans doute depuis le début de sa conversion, puisque, lorsqu'il était à Antioche, et lors de ses voyages en Palestine, il a interrogé, dit-il *« les témoins oculaires »* : Barnabé, bien sûr, venu diriger l'église d'Antioche, Pierre dont on célèbre justement *« La chaire à Antioche »* (fête le 22 février), mais il a interrogé surtout le TÉMOIN clé, le TEMOIN irremplaçable : la Vierge Marie elle-même, puisque c'est l'évangile de Luc qui expose « l'Enfance du Christ »... Cette enquête s'est donc faite dans les années qui ont suivi immédiatement la résurrection du Christ, avant que ces précieux *« témoins oculaires »* ne partent en mission. Il fallait faire vite. Sûr que Luc a répondu à un appel pressant, venu d'En Haut, pour conduire cette investigation, d'autant que la persécution, qui en a fauché beaucoup, n'était pas loin ! Ayant rassemblé toutes ses notes, il a pu écrire son « récit » définitif un peu plus tard, lorsqu'il se trouvait en Achaïe.

Pourquoi saint Luc a-t-il écrit ? Eh bien, nous l'avons dit en partie. Ayant terminé son enquête, il voulait compléter les deux premiers évangiles. Son oeuvre, impartiale, comme son prologue l'atteste, vue de surcroît par un non juif – alors que Matthieu et Marc sont juifs -, se révélait apte à convertir ceux que l'on nommaient alors « les Gentils » : toutes ces nations qui n'avaient pas reçu l'enseignement de la Thora. Ces confidences qui lui sont faites, il juge impérieux de les transcrire, pour nous révéler la grâce et la grandeur de Jésus-Christ, Sauveur du monde. Selon saint Irénée, c'est Paul qui l'a chargé de faire connaître tout ce qu'il savait de l'Evangile (voyez Livre III, XIV/1). « *Afin,* dit-il à son ami Théophile, *que tu reconnaisses la solidité des enseignements que tu as reçus.* » L'histoire de Jésus-Christ n'est pas un « conte », saint Pierre le dit expressément : « *Ce n'est pas au moyen de mythes (ou fables) sophistiquées, que nous vous avons fait connaître la puissance et l'avènement de notre Seigneur Jésus-Christ, mais après avoir été les témoins oculaires de sa majesté* » (II Pi.1/16). Et constatez bien, saint Luc rapporte « les faits » : il fait oeuvre « d'historien ». Car notre foi s'appuie sur l'histoire : elle n'a rien à voir avec un « sentiment religieux », une « croyance », qui émanerait de la conscience humaine en prise au questionnement face à l'immensité du créé, devant la fragilité de l'existence. Nous chrétiens, nous croyons en un Dieu qui s'est « fait chair », qui a vécu parmi les hommes, à un moment de leur histoire ; il a été vu, touché, entendu par ses heureux contemporains ; il s'est exprimé, et c'est à sa parole, à la démonstration qu'il a faite lui-même de sa divinité, osant le scandale de la croix pour affirmer envers et contre tout sa filiation divine, triomphant dans sa résurrection, au nez et à la barbe de ses persécuteurs, pour la confusion éternelle de ses juges, c'est à tout cela que nous accordons foi. Les premiers chrétiens, qui nous ont rapporté ces faits, n'ont-ils pas préféré le martyre plutôt que le non témoignage ? plutôt que la négation ? Ils n'ont rien inventé, ils ont donné leur vie pour la vérité : la vérité historique.

Et Luc, qu'en fut-il de la fin de sa vie terrestre ? Nos manuscrits grecs et d'ancienne latine précédemment cités, nous assurent *« qu'après avoir servi le Seigneur, sans faille, n'ayant eu ni femme ni enfants, il mourut à l'âge de 84 ans, à Thèbes, en Boétie, rempli de l'Esprit-Saint ».* [11] Mis au tombeau à Thèbes, son corps fut ensuite transporté [12] par les ordres de Constance II, empereur de 337 à 361, dans l'église des Apôtres, à Constantinople. [13]

Nulle mention dans ces documents d'un martyre de Luc. Saint Grégoire de Naziance (330-390) cependant, le range parmi les confesseurs les plus illustres : *« Jean, Pierre, Paul, Jacques, Etienne, Luc, André, et Thècle »*, tous les autres ont subi le martyre - y compris les deux rescapés, Jean et Thècle. Alors ? quand fut-il pour Luc ?...

Le Canon de Muratori [14] cite nommément Luc comme auteur du 3ème évangile. Tertullien, comme Irénée, lui donne, ainsi qu'à Marc, une autorité apostolique. Alors recevons sans risque, lisons en toute confiance, cette « lettre » de l'évangéliste Luc, dans ses chapitres de « l'Enfance du Christ ».

ooooooo

---

[11] - Saint Jérôme : « Il mourut en Bithynie, plein de l'Esprit-Saint ».
[12] - Avec le corps de saint André depuis Patras, en Achaïe.
[13] - Ceci d'après la « Passion de saint Artémius », de Jean de Rhodes, puisant dans l'histoire plus ancienne de Philostorgius, vers 425.
[14] - Daté de 200 après J. C., qui donne la liste des livres canoniques de la Sainte Ecriture. Cette liste sera définitivement établie (27 livres) au Concile de Carthage de 397.

## Chapitre 2 - Selon Luc, en son premier chapitre

**1/3** – « *Il y eut aux jours d'Hérode, roi de Judée, un prêtre du nom de Zacharie, de la classe d'Abia, sa femme d'entre les filles d'Aaron, du nom d'Elisabeth.* »
« Il y eut un prêtre » : ainsi commence le récit de Luc, par cette transition entre l'ancien sacerdoce, celui d'Aaron, et le Sacerdoce nouveau de Jésus-Christ. « *Le Salut vient des juifs* » (Jn. 4/22), disait Jésus à la Samaritaine : de ce peuple régi par les prêtres du Dieu Vivant, du seul Dieu qui a fait le ciel et la terre. « *C'est aux lèvres du prêtre de garder la science, c'est à sa bouche que l'on demande l'enseignement* » disait le prophète Malachie (2/7). Et de fait : par la loi ancienne, celle de Moïse, transmise par la tribu sacerdotale de Lévi, les parents du Christ vont comprendre l'Ordre nouveau de la foi, et nous entraîner à leur suite dans cette « Alliance nouvelle », scellée par le Sacerdoce définitif de Jésus-Christ. Continuité absolue, indispensable. Le nom de ce prêtre : « Zacharie » qui signifie : « *Yahvé s'est souvenu* » : nom prédestiné ! Dieu se souvient ici non seulement de ce Lévite qui ouvre l'Evangile de Luc, mais il se souvient de la Grande Promesse, celle qu'il fit autrefois à Eve, après la dramatique désobéissance : « *Elle t'écrasera la tête* », menace qui tombait sur le serpent tentateur. L'heure de la vengeance a sonné : il est temps de rétablir l'Ordre du monde, comme il avait été constitué au départ, avant le piège diabolique.

La descendance d'Aaron, dévolue au service de Dieu et du Temple, fut répartie par classes, 24 au total, devant assurer à tour de rôle les fonctions sacerdotales (I Chron. 24/3-10). Zacharie appartient à la 8$^{ème}$ : celle d'Abia. Chacune fait le service une semaine durant, à compter d'un sabbat. La femme de Zacharie, fille d'Aaron, se nomme Elisabeth - nom que portait déjà la femme d'Aaron (Ex. 6/23) – et qui signifie : « *Dieu en a fait le serment* », « *Dieu l'a juré* ». Oui, Dieu a fait le serment de délivrer la femme de l'Adversaire, et de nous arracher tous à l'esclavage du péché et de la mort. Ce qu'il désire ? - nous rendre la justice et la vie en Jésus-Christ

(Rom.ch.6). Son dessein de salut demeure inhérent à son oeuvre de création. Aurait-il créé pour nous voir sombrer dans l'abîme, sans « sauvetage » possible ? L'épisode de Pierre s'enfonçant dans les eaux, mais sauvé par le Christ, est révélateur de la pensée première du Père.

« *Aux jours d'Hérode, roi de Judée* » : roi de 36 à 2 avant J.C. [15] D'origine iduméenne, il fut nommé roi par le Sénat romain, à la place d'Antigone - dernier roi Maccabée - et il s'empara de Jérusalem à l'automne 36. Nous voici en présence de ce couple - Zacharie et Elisabeth - fort différent du premier qui sortit des mains et du souffle de Yahvé : Adam et Eve. A leur avantage :

**1/6** - « *Ils étaient justes tous deux devant Dieu, marchant dans tous les commandements et ordonnances du Seigneur, irréprochables* ». Eve puis d'Adam transgressèrent la loi primordiale, Zacharie et Elisabeth gardent scrupuleusement tous les préceptes de cette Loi qui vient de Dieu par Moïse. Ils en acceptent l'exigence, la contrainte, toute la sévérité, car ils savent qu'elle leur est salutaire, eux « *pauvres pécheurs* ». Eve n'avait qu'un mot à dire : « Amen ! », au divin commandement : «*Tu ne mangeras pas de l'arbre de la connaissance du bien et du mal !* » = Tu ne feras pas l'expérience d'une voie qui contient un mélange de bien et de mal. [16] Facile ! Hélas, Eve succomba à la tentation. Dès lors, elle perdit sa grâce et son innocence, et Adam avec elle. Ils sont méritoires, Zacharie et Elisabeth, et Dieu leur en sait gré. Mais à leur détriment :

**1/7** - « *Ils n'avaient pas d'enfant, car précisément Elisabeth était stérile et tous deux étaient avancés en âge.* »

---

[15] - Pour la question des dates voir les explications données dans le chapitre de cet ouvrage consacré au chapitre 2 de saint Matthieu.
[16] - Le mot « connaissance » dérive en hébreu du mot « main », il s'agit d'une connaissance expérimentale, d'une expérimentation à ne pas faire. Le mot « arbre », indique le « moyen » utile à cette expérimentation, « l'outil » dirions-nous, car les outils étaient principalement faits en bois.

Ce n'est pas faute d'avoir essayé ! Et leurs jours s'étaient écoulés, sans qu'advienne la conception souhaitée. Ils désiraient un enfant, selon la chair, comme la Loi de Moïse les y autorisait. Et Dieu semblait dire : « Non ! », comme autrefois à Abraham : « Non ! », de même à Isaac : « Non ! » ; et aussi à Jacob : « Non ! ». Pourquoi non, toujours non ? Toute sa vie, Zacharie fut tourmenté par ce refus divin. Sa femme - toute femme - n'est-elle pas faite pour la maternité ? Toutes ne portent-elles pas des mamelles, un utérus ? Alors... cette stérilité est-elle un châtiment ? une punition ?... Ses confrères ne se privaient pas de le lui dire... le grand prêtre le considérait avec dédain... « Seigneur ! quelle faute ai-je commise ? quel manquement, quelle entorse à la Loi, au règlement ? », ainsi s'interrogeait anxieusement Zacharie, tandis qu'Elisabeth versait des larmes. Longues furent les années, insupportable le silence du Très Haut.

Pourquoi ?...

Un enfant : Adam et Eve en avaient eu un, Caïn leur premier-né, qui tua son frère. Abraham en eut un, d'Agar la servante, qu'il chassa, elle et Ismaël, après la naissance d'Isaac, son fils légitime. Celui-ci en eut deux : des jumeaux, Esaü et Jacob. Le second supplanta l'aîné : il dut fuir, vers l'Orient, sa colère vengeresse. Jacob en eut dix ! avant d'enfanter Joseph et Benjamin de Rachel, sa légitime épouse. Ce Joseph, fut vendu par ses demi-frères, et conduit en Egypte. etc... Un enfant : après tout, est-ce si désirable au regard de leur vie bien souvent lamentable ? Comme dit l'Ecclésiastique : *« Mieux vaut mourir sans enfant que d'avoir des fils impies ».* (16/3) Ainsi se consolaient sans doute Zacharie et son épouse bien-aimée.

**1/8** - *« Il advint, alors qu'il officiait devant Dieu, selon l'ordre de sa classe, qu'il fut désigné par le sort, selon la coutume liturgique, pour entrer dans le sanctuaire du Seigneur, y brûler de l'encens, et toute la multitude du peuple priait à l'extérieur, à l'heure de l'encens ».*

Nous voici transportés avec ce prêtre au choeur du Sanctuaire, là où Dieu réside au milieu de son peuple. L'instant est solennel : Dieu va prendre l'initiative de la Rédemption attendue depuis quatre millénaires. Cet encens - qui sera offert à Jésus enfant par les Mages - symbolise la divinité de celui qui le reçoit. Le geste et la prière assurent l'union de l'homme avec son Dieu.

Quand eut lieu cet office de Zacharie au Temple de Jérusalem ? Nous en connaissons, depuis peu, le <u>mois</u>, grâce au parchemin n° 321 retrouvé à Qumram dans la grotte n° 4 (4 Q 321). Zacharie était en service « fin septembre » lorsqu'il reçut la visite de l'Ange. [17] Fin septembre : confirmation merveilleuse des dates admises dans l'église, et de la naissance de Jean Baptiste le 24 Juin – 9 mois plus tard – et de l'Annonciation à Marie le 25 mars - puisque le prophète avait 6 mois de plus que l'Emmanuel (Luc. 1/36) - et de la nativité du Christ un certain <u>25 décembre</u> ! Oui, ce jour-là est bien l'anniversaire de Jésus !

Le peuple prie à l'extérieur : une grande multitude. Il s'associe à la prière de Zacharie, réclamant à Dieu le temps de sa délivrance : ardente supplication qui va toucher le coeur de l'Eternel.

**1/11** - *« Alors un ange du Seigneur lui apparut, debout à la droite de l'autel de l'encens. »* Fut-il surpris Zacharie ? Certainement ! même si les Hébreux étaient familiers de ces *« messagers de Dieu »*, qui se manifestent dès le livre de la Genèse [18]. L'Ange de Zacharie sera identifié au verset 19 ; il se tient à la droite de l'autel, comme on se tient à la droite de Dieu que l'encens figure : c'est bien Yahvé qui l'envoie, c'est la parole de Yahvé qu'il va transmettre.

**1/12** - *« En le voyant, Zacharie fut troublé et la crainte tomba sur lui. »* Comme Isaïe le prophète, qui s'était écrié en présence du Roi de l'Univers : *« Malheur à moi ! je*

---

[17] - Cf. la revue franciscaine : « La Terre Sainte » (Nov-Déc. 1999 page 288). Elle rapporte les travaux du savant Israélite Talmon qui a déchiffré et publié ce document : les annales des classes sacerdotales donnent le tableau de leur tour de service au Temple de Jérusalem.
[18] - Voyez Gen. 19/1, 15 ; 24/7, 40 ; 28/12 ; 32/1 : soit 6 références dans la Genèse.

*suis un homme de sang, un homme aux lèvres souillées, et j'habite au milieu d'un peuple aux lèvres souillées, et de mes yeux j'ai vu le Roi, le Maître de l'Univers »* (Is. 6/5). Saint Pierre de même, devant son bateau rempli, par miracle, de poissons : *« Seigneur éloigne-toi de moi, car je suis un homme pécheur ! »* (Luc. 5/8) En présence de la sainteté divine, qui ne frémirait ? Quel homme ne s'écraserait dans la poussière, car, précisément il est devenu poussière par son péché. (Gen. 3/19).

**1/13** - *« Ne crains pas, Zacharie, du fait que ta prière a été entendue : ta femme Elisabeth t'enfantera un fils, et tu l'appelleras de son nom : « Jean ».*

*« Ta prière »* : il a prié Zacharie, et c'est au soir de sa vieillesse qu'il est enfin exaucé. Une bonne, une très bonne nouvelle lui est apportée par le messager céleste ; pourquoi craindrait-il ? Le sein stérile et mort de sa femme âgée va porter un fils : son fils ! Seul Dieu peut réparer la défaillance de la nature ! Lui-même intervient dans cette génération qu'aucune médecine humaine ne saurait opérer. Yahvé prend l'initiative, et le fait savoir à l'heureux père.

Cependant, et contrairement aux règles en vigueur en Israël, ce n'est pas lui, Zacharie, qui choisira le nom de son enfant, mais Dieu : *« Il s'appellera Jean »*. Premier renoncement... Car jamais, de la seule semence de Zacharie, l'enfant n'aurait pu naître, jamais du sein vieilli d'Elisabeth. A lui de dire : « Amen ! ». Jean : ce nom, en hébreu, signifie « Dieu a fait grâce » ; grâce sur ce sein stérile et mort, grâce sur l'enfant, qui, six mois plus tard, à la visite de Marie enceinte de Jésus, sera rempli de l'Esprit Saint, et de tressaillir de joie dans ce ventre. Jean, conçu selon la chair, est régénéré par l'Esprit dès le sein maternel. Il naît « fils de Dieu », et c'est pourquoi il s'appelle « Jean », du nom que Dieu, son Père, a choisi pour lui. Logique ! Et l'ange poursuit l'énoncé de sa bonne nouvelle :

**1/14** - « *Il sera pour toi joie et allégresse et beaucoup se réjouiront de sa naissance. Car il sera grand devant le Seigneur, il ne boira ni vin ni boisson fermentée, et il sera rempli de l'Esprit Saint dès l'utérus de sa mère, et il ramènera au Seigneur leur Dieu beaucoup parmi les fils d'Israël. Et il marchera devant Lui avec l'esprit et la puissance d'Elie, pour ramener le coeur des pères sur leurs enfants et les indociles à la sagesse des justes, pour préparer au Seigneur un peuple bien disposé.* »

Long exposé que nous allons expliquer.

« *Il sera pour toi joie et allégresse* » : Zacharie est assuré, dès avant la conception de son fils, qu'il sera pour lui une source de bonheur. Adam n'eut pas cette assurance : et pour cause ! Son premier-né, il l'eut de sa seule volonté humaine, poussé par la séduction diabolique. Au petit bonheur la chance... Las ! Ce fut la malchance ! « *Caïn était du Diable* », nous dit saint Jean, et « *il tua son frère* » (Ia 3/12). Alors que le fils de Zacharie « programmé » par l'Ange, rempli de Dieu dès le 6$^{ème}$ mois de sa gestation, fut « façonné » pour le bien, assisté par le Bien suprême, dans toutes ses initiatives et décisions. Libre, Jean-Baptiste – « *le plus grand des fils de la femme* » (Mt.11/11) - libre, plus que vous et moi, d'autant qu'il répondit à sa vocation. « *Quand on ne cherche que Dieu, on ne peut pas se tromper* », disait Mère Anne-Marie Javouhey, ma tante. [19]

« *Il sera grand devant le Seigneur* » : le « *plus grand des fils de la femme* », Jésus l'a dit, car Jean est fils de Dieu dès avant sa naissance. Nous l'avons été à notre Baptême, pas avant ! L'Ange prophétise : il sait, par confidence divine, que cet enfant accomplira sa mission. Dans sa prescience, Dieu connaît sa vie, il connaît notre vie - ce qui n'altère en rien notre liberté : Dieu sait comment nous allons l'utiliser. Quelle chance il a ce futur père ! Il apprend que son fils sera un homme exceptionnel, et que, de surcroît, sa vocation sera exceptionnelle. Rien ne lui est caché, ni de son esprit prophétique ni de son rôle de précurseur. Un grand prophète

---
[19] - 1779-1851 : fondatrice des soeurs de Saint Joseph de Cluny.

arrive : son fils ! Le Père Céleste révèle au père terrestre la destinée de « leur » enfant. Grâce insigne ! Sublime exaucement de sa prière ! Dieu associe ce prêtre d'Aaron, ordonné pour la chair, à sa Paternité - adoptive - sur le fruit des entrailles d'Elisabeth. S'amorce déjà le renversement de génération : le Nouveau Testament est aux portes.

« *Il marchera avec l'esprit et la puissance d'Elie* ». C'est tout dire sur la grandeur de Jean Baptiste ! Comparé au prophète Elie, le plus grand de tous les prophètes ! Oui, Elie qui a retenu la pluie trois ans et demi durant ; Elie, qui a tenu tête aux 450 prophètes de Baal, idolâtres ; Elie, qui fit descendre le feu du ciel, la farine dans le pot, l'huile dans la cruche ; Elie, qui rendit la vie au fils de la veuve ; Elie, qui demeura chaste auprès d'elle ; Elie, qui gagna les cieux sans connaître la mort. [20] Un homme accompli, rempli de Dieu, vainqueur de la mort ! Que sera donc Jean-Baptiste ?... Il aura son esprit et sa puissance : « *pour ramener le coeur des pères sur leurs enfants...* ».

L'Ancien Testament se termine précisément sur cette parole : « *Voici que je vous envoie Elie, le prophète, avant que vienne le jour de Yahvé, grand et redoutable. Il ramènera le coeur des pères vers les enfants, et le coeur des enfants vers les pères, de peur que je vienne, et que je frappe la terre d'anathème.* » (Malachie 3/23-24)

« Anathème » : dernier mot de l'Ancien Testament ; dans la bible hébraïque, dernier mot des livres prophétiques : « HéRèM » - il évoque la destruction, l'extermination : sens très fort ! L'Ange reprend quasi textuellement l'annonce de Malachie, que Zacharie connaît. Cet « Elie », ce « prophète » qui doit venir sera donc son fils ! « *Pour ramener le coeur des pères...* » : le prophète Malachie ne retient que ce point, c'est dire s'il est important ! Alors... y aurait-il une dette, contractée par les pères, à l'égard de leurs enfants - et par suite des enfants à l'égard de leurs pères ? Dette gravissime pour nécessiter l'intervention d'un tel prophète ! - Oui, sans aucun doute.

---

[20] - Voyez le résumé de la vie d'Elie dans l'Ecclésiastique ch. 48/1-11, et les références jointes.

De quoi s'agit-il ? *« Le coeur des pères »* : un manque d'amour ? Et semblablement du côté de l'enfant ? - Oui.   Pourquoi ? Qu'est-ce qui empêche l'amour, la communion, entre parents et enfants ? Communion qui, au sein de la Trinité, fait le bonheur éternel, la joie permanente du Père et du Fils, communion qui est l'Esprit Saint lui-même, lien de connaissance et d'amour entre les divines hypostases. Hélas ! ce même Esprit Saint fut absent de la génération humaine. Le processus de la multiplication humaine s'est opéré sans lui, par la semence corruptible de l'homme. Dès lors, comment serait-elle unie, par quoi sera-t-elle cimentée, la relation père-fils, père-fille ? Par qui, surtout ?

Tout juif était tenu de consacrer à Dieu son premier-né : celui qui avait ouvert le sein maternel (Ex. 13/1-2) ; loi obligatoire. A lui de racheter le fruit de ses entrailles par une offrande expiatoire, un sacrifice sanglant (Nb. 18/15-17 ; Ex. 13/11-13, Lev. 12). Quelle sévérité ! Le père aussitôt dépossédé de sa paternité, en vue d'une paternité « divine ». Oui mais, quel bienfait, quelle grâce pour l'enfant ! Dieu accepte de le tenir pour sien, de le faire sien. Miséricorde ! Loi avant tout pédagogique. Comprendra-t-il ce père charnel qu'en engendrant son fils, il l'a génétiquement privé de l'Esprit Saint ? Adam était fils de Dieu, (Luc.3/38), mais ses fils ne le furent pas. Tout le drame de l'histoire est là ! C'est un sacrifice « pour le péché » que la maman doit offrir, après ses couches,  pour sa purification. (Lv. 12) Le sang a coulé, la virginité a été outragée : il y a péché. Comment dans de telles conditions de natalité, la relation parents-enfants peut-elle être sereine ? Elle est brisée dès l'effraction de l'utérus virginal.

On  retrouvera dans la prédication de saint Jean-Baptiste cet appel à la vraie pénitence : *« Race de vipères ! »* - on ne peut mieux dire ! – *« N'allez pas vous dire : nous avons Abraham pour père, car je vous dis que, de ces pierres, Dieu peut susciter des enfants à Abraham ! »* ... Et il témoignait de la filiation divine du Christ : *« J'ai vu l'Esprit descendre sur lui et demeurer sur lui... alors qu'une voix venait du ciel : Celui-ci est mon fils bien-aimé en qui je me suis complu ».* La mission de Jean-Baptiste : préparer un peuple bien disposé au Seigneur, l'arracher à cette génération qui ne fructifie que pour la mort, et le conduire à la génération nouvelle - celle de Jésus-Christ, premier-né. Mission héroïque, digne d'un si grand prophète !

Le coeur de Zacharie comprend-il cela ? Non, pas encore, puisqu'il rétorque :

**1/18** - *« Kata tì ? » = « Contre quoi, en échange de quoi... connaîtrai-je cela ? Car moi, je suis vieux et ma femme avancée en âge. »* Le voici qui réclame un signe. La parole de l'Ange ne lui suffit pas ! Parce que lui et sa femme sont hors d'âge, il met en doute la divine promesse.

**1/19** - *« Répondant, l'Ange lui dit : « Je suis Gabriel qui me tiens devant Dieu, et j'ai été envoyé pour te parler et t'annoncer cette bonne nouvelle. Et voici que tu seras muet, ne pouvant pas parler jusqu'au jour où ces choses arriveront, puisque tu n'as pas cru à mes paroles qui s'accompliront en leur temps. »*

La vieille rancoeur de Zacharie est remontée jusqu'à ses lèvres, dommage ! Alors qu'on vient de lui annoncer l'exaucement de sa prière, la fin de sa quête, il n'y croit plus ! Il témoigne ouvertement de son incrédulité. Qu'avait-il à dire, sinon : « Amen ! Alléluia ! Merci Seigneur ! » Le voici en présence de « l'Archange Gabriel », *« l'un des sept qui se tiennent en présence du Saint »* (Tob.12/15), et dont le nom signifie précisément : « La force virile de Dieu ». A l'énoncé de ce Nom glorieux, il dut trembler comme une feuille au vent, plus encore qu'à l'énoncé de la sentence. Muet pour avoir trop parlé, pour avoir dé-parlé, pour avoir douté. *« Qui veille sur sa bouche garde sa vie, qui parle trop se perd »*, enseigne le livre les Proverbes (13/3).

Cependant, le dessein divin est arrêté : la promesse s'accomplira. Le Seigneur prend en mains le cours de la Rédemption, pour la conduire à son terme, malgré les objections, les oppositions qui pourront surgir.

Désolante incrédulité de Zacharie au regard de cette excellente nouvelle ! Comme il dut regretter son bavardage ! Il eut neuf mois pour méditer en silence... Longue pénitence ! Son attitude laisse présager, hélas ! celle du sacerdoce juif. Quand Jésus, plein de grâce et de vérité se présentera aux autorités religieuses d'Israël, elles diront : *« Montre-nous un signe, et nous croirons en toi »* (Jn.6/30), *« monte-nous un signe venu du ciel ! »* (Mt. 16/1 et parall). Mais les prodiges, ils les ont ! les miracles aussi ! En fait, ils refusent de croire, par libre volonté, et ils s'obstineront jusqu'au bout dans cette attitude suicidaire. Après la glorieuse résurrection, ils persévèreront, malgré l'évidence ! Avec la prise de Jérusalem par Titus, ils seront réduits au silence, tout comme Zacharie ! Et ce silence dure encore aujourd'hui... quoique les Juifs fassent beaucoup de bruit !

**1/21** – *« Le peuple, cependant, attendait Zacharie, et il s'étonnait qu'il tardât dans le sanctuaire. Mais, quand il sortit, il ne put leur parler, et ils comprirent qu'il avait eu une vision dans le sanctuaire. Quant à lui, il leur faisait des signes, et il demeurait muet ».*

Efficacité immédiate de la sentence angélique qui démontre, par l'absurde si je puis dire, la véracité de la promesse. Zacharie a réclamé un signe : il l'a obtenu ! Le voici soudainement muet, contre les lois de la nature ; semblablement, son fils naîtra contre les lois de la nature : même si sa femme est stérile, même si elle est avancée en âge. Dieu reste le maître de ses oeuvres. La leçon porte, n'en doutons pas, dans le coeur et l'âme de ce bon prêtre. Instruit et corrigé, on le serait à moins !

Quelque chose s'est passé dans le Temple : le peuple de Dieu en a l'intuition, et de fait, lorsque Zacharie sort, son mutisme est plus éloquent qu'un long discours. Il est des silences qui parlent ! Dieu est intervenu, un événement divin se prépare : lequel ? *« Qui est-il ce prêtre ? - C'est Zacharie, l'homme de la stérile !... Un bon « curé », mais sans descendance ! Une honte en Israël !... Qu'est-ce que Yahvé a bien pu lui dire ?... »* Ainsi vont les commentaires dans la foule... *« Et voyez : il ne peut plus parler : c'est grave ! »*

**1/23** – *« Et il advint, quand les jours de son service furent accomplis, qu'il retourna dans sa maison. Quelque temps après, sa femme Elisabeth conçut et elle se tint cachée cinq mois durant, disant : « Voilà donc ce qu'a fait pour moi le Seigneur, au temps où il lui a plu d'enlever mon opprobre parmi les hommes ».*

Zacharie poursuit son service jusqu'au dernier jour, avec son secret, en parfait silence. Chacun - prêtre ou fidèle - le considère avec étonnement et gravité, sans comprendre. De la confidence de l'Ange, il n'a rien dit, même par écrit : cela n'intéresse, pour l'instant, que sa vie conjugale. Elisabeth l'attend à la maison. A-t-elle appris la « vision » de son homme ? Sûr qu'à son retour Zacharie lui a tout raconté, par tablette interposée.

Une question : si Zacharie avait cru, sans douter, son fils aurait-il été conçu du Saint Esprit ?... S'il avait remis à Dieu, dès le départ, cette génération ?...

Ce que l'Ange a promis s'accomplit : Elisabeth conçoit, contre toute espérance, de la semence de son homme. Miracle ! Imaginons ce vieux couple, gardant jalousement, plusieurs mois durant, ce merveilleux secret. Ils attendent un enfant ! Celui que l'Ange a désigné du nom de « Jean ». Il sera grand, connu d'Israël, c'est le prophète annoncé par Malachie, et par l'Ecclésiastique (48/10-11) : second Elie ! Elisabeth se cache. Pourquoi ? - Parce qu'elle ne veut plus entendre sur son passage :

« *Voyez : c'est la stérile ! réprouvée par Dieu ! »*. Non, plus jamais ça ! Alors elle attend patiemment que son ventre grossisse pour enfin le montrer, et fermer la bouche de ses détracteurs, comme l'Ange a fermé celle de son homme ! Je pense que la raison sociale de son enfermement volontaire est là, comme elle le confesse : « *Dieu a ôté mon opprobre* ».

Quel étrange commencement pour notre Rédemption ! On s'attendait, et le peuple d'Israël tout entier, à un coup d'éclat fantastique, comme il y en eut tant à l'époque de Moïse. La venue du Messie serait triomphale, conquérante, selon l'annonce prophétique [21] : en un mot « *il abattrait ses adversaires... mettrait en pièces le joug des impies* » (Ps. 128/4) : le joug romain d'abord, le joug du péché et de la mort ensuite ! Et bien non : Dieu ne procède pas ainsi. Il commence par choisir un sein stérile, une femme âgée, car il veut avant tout faire éclater sa puissance de vie, et bientôt sa paternité. Inutiles les armées d'Israël, illusoires les mouvements de foule ! Dieu agit seul, pour la vie - la vraie - afin de sauver nos vies de la fatalité de la mort. Car le Salut est d'abord celui de la chair humaine.

**1/26** – « *Le sixième mois, l'ange Gabriel fut envoyé par Dieu dans une ville de Galilée nommée Nazareth auprès d'une vierge mariée à un homme du nom de Joseph, de la maison de David, et le nom de la vierge était Marie.* »

Dieu poursuit ce qu'il a entrepris : la Rédemption. L'ange Gabriel est à nouveau envoyé pour annoncer un « heureux événement », si justement heureux ! Il est l'ange de la « Bonne Nouvelle » = de « l'Evangile » dans ce qu'il a d'essentiel, de primordial ! « *Un enfant nous est né, un fils nous est donné !* » Oui, mais pas n'importe comment ! Se réalise ici sous nos yeux la maternité selon Dieu : non plus celle d'une femme stérile et avancée en âge, mais celle d'une jeune vierge (Parthénos). Son sein est fermé par l'hymen. Paradoxe ! Comment va-t-elle concevoir ?

---

[21] - Voyez Genèse 49/10-11 ; Nombres 24/15-19 ; Psaume 110 ; Isaïe 9/1-6, 11/1-9, 32/1

Nous avons quitté le temple de Jérusalem et la Judée pour gagner Nazareth en Galilée : bourgade inconnue. Contraste ! *« De Nazareth peut-il sortir quelque chose de bon ? » (Jn.1/47)*. - Oui, Nathanaël, il peut sortir de Nazareth une vierge disposée à accueillir « le don de Dieu ». Voilà qui surpasse tous les rites et les pratiques de la Loi !

Encore faut-il que cette vierge « en pouvoir de mari », ait obtenu l'accord de son homme. Là, nous entrons, avec l'Ange, dans l'intimité de ce couple. Il nous y entraîne, Gabriel ! Jamais, en effet, il n'aurait sollicité cette jeune épouse – *desponsata* en latin [22] – sans être assuré du *« Fiat ! »* de son époux. Car toute femme en Israël doit soumission à son mari : si elle fait un voeu, il ne sera valable qu'avec son consentement. (Nb. 30/7-16). Si Marie veut garder la virginité, elle ne peut le faire qu'avec la permission de Joseph. « mnèsteuô » : ce verbe dérive directement du mot « mémoire » : Marie fut confiée à la mémoire de Joseph, car c'est à l'homme qu'il appartient de transmettre la Parole de Dieu. En hébreu « zakar » = homme, veut dire : « celui qui se souvient ». Lorsque Lucifer, archange à l'instar de Gabriel, déchu par sa révolte, tenta et séduisit la première femme, Adam avait perdu la mémoire du précepte divin. Il n'a pas objecté : *« Non ! Dieu a dit : Tu ne mangeras pas... ! »* Il en fut tout autrement de saint Joseph : ayant décidé de respecter la virginité de son épouse, il gardait entière sa liberté de fille de Dieu, disponible à l'Esprit. C'est en raison de ce sacrifice - pacifique – que l'Ange Gabriel intervient et propose à Marie cette sublime maternité. Nous allons voir qu'il s'agit bien de cela.

Elle s'appelle *« Marie »* nom dont l'étymologie la plus probable découle du mot « Moriah » : montagne célèbre entre toutes, sur laquelle Abraham offrit en sacrifice son fils Isaac, où sera construit plus tard le Temple de Jérusalem, et immolé l'Agneau

---

[22] - Pour traduire le grec « émnèsteuménèn » : participe parfait passif féminin du verbe « mnèsteuô » qui veut dire non seulement « être désirée en mariage, d'où fiancée », mais aussi « être épousée, être mariée ». (voyez le dictionnaire) Saint Luc l'emploie également en 2/5 alors que Joseph, neuf mois plus tard, se rend à Bethléem pour le recensement, avec évidemment son « épouse ». Ce qui indique qu'il entend bien parler ici de l'épousée.

véritable !... Il signifie : « *Yahvé a été vu* ». Oui, Yahvé a été vu en Marie : elle est « *le miroir de Dieu* », qu'elle va engendrer de sa chair ! Son homme « *Joseph* » = « *celui qui dépasse* » : a dépassé l'ordre charnel, l'ordre des générations d'Israël. Cependant, c'est au roi David que fut promis un héritier qui demeurera éternellement : le Messie. Or voici que dans l'humble logis du charpentier de Nazareth, descendant de David, la promesse va s'accomplir. Pourquoi lui ? direz-vous. Parce que sa foi s'y prête ! Il respecte le sein fermé par Dieu, il lui rend la paternité. La tige de Jessé peut fleurir !

**1/28** – « *L'ange entrant près d'elle lui dit : « Réjouis-toi, pleine de grâce, le Seigneur est avec toi, tu es bénie parmi les femmes. » Mais à cette parole, elle fut troublée et se demandait d'où venait cette salutation* ».

Il est beau cet Ange ! il prononce de suaves paroles ! Quelle femme ne voudrait les entendre ? Marie, elle, « *virgo prudentissima* » reste sur ses gardes. <u>D'où</u> (« *potapos* ») vient-il cet être de lumière ? D'en haut ? ou d'en bas, sous un déguisement ? « *Le serpent était le plus brillant des animaux que Dieu avait faits* ». Elle connaît l'histoire, et ses terribles conséquences... Eve aussi était immaculée, elle était pleine de grâce, et cependant elle fut séduite. L'épouse de Joseph subirait-elle un nouvel assaut de l'Ange des ténèbres ? Aussi, à son très beau compliment, elle ne dit mot ; elle attend la suite :

**1/30** – « *Et l'ange lui dit : « Ne crains pas, Marie, car tu as trouvé grâce auprès de Dieu. Et voici que tu concevras en ton ventre et tu enfanteras un fils et tu l'appelleras du nom de Jésus. Il sera grand et sera appelé fils du Très-Haut et le Seigneur Dieu lui donnera le trône de David son père, et il règnera sur la maison de Jacob pour les siècles, et son règne n'aura pas de fin* ».

Il a bien appris sa tirade, l'archange Gabriel ! L'enfant merveilleux, annoncé par les Saintes Ecritures, et qui doit recevoir le trône de David, pour régner toujours, cet enfant va naître des entrailles de Marie. C'est bien Celui qu'Israël attend, prophétisé par Isaïe (7/14 ; 9/5-6), Daniel (7/14), Ezéchiel (44 /1 s), chanté par les psaumes (2, 109, 23, 88...) : Marie connaît tous ces textes. Elle sait aussi que le Messie sera fils de Dieu (+ 2 Sam. 7/14, ps. ci-dessus). Elle apprend ici, de la voix de l'Ange, qu'il s'appellera « Jésus » = Sauveur. Mais oui ! bien sûr ! Habacuc le chantait déjà : *« J'exulterai en Dieu mon sauveur »* = « mon Jésus » en hébreu. (3/18). « L'Emmanuel » annoncé par Isaïe est Sauveur de son peuple Israël, Sauveur de toute chair ! (2 Sam. 22/3) [23] Elle écoute la jeune femme, elle reconnaît dans les paroles de l'Ange l'annonce prophétique. Mais elle reste prudente : est-ce une ruse de l'Adversaire, pour la faire déchoir de sa haute résolution ? Qui ne voudrait, en effet, de cet enfant ? Stop ! dit ici Marie, elle l'interrompt en quelque sorte :

**1/31** - *« Marie dit alors à l'Ange : « Comment cela se fera-t-il puisque je ne connais pas l'homme ? »*, « connaître » au sens biblique du terme, c'est-à-dire : « Je n'ai pas de relation - selon la chair - avec un homme ». Nous apprenons ici, de façon certaine, qu'elle a fait voeu de virginité, voeu confirmé par saint Joseph. Ils ne veulent pas d'enfant par le coït. Voyons donc la proposition de l'Ange : présente-t-il le fruit de l'arbre défendu, qui fructifie pour la mort, ou bien offre-t-il l'arbre de la vie dont le fruit demeure impérissable ? Telle est la pensée de sainte Marie. Elle sait, non par expérience, certes, ce qu'est la génération « adultère et pécheresse » : elle n'en veut pas. Elle sait aussi ce qu'est la génération sainte, car elle en est elle-même le fruit ! Ses parents l'ont conçue immaculée, sans péché. Elle a pris chair dans le sein de sa mère Anne, par l'action du Tout Puissant, sous la porte dorée du Temple - selon la vénérable tradition - sans que soit intervenue la semence corruptible de Joachim [24].

---

[23] - Les psaumes le confessent sur tous les tons et déjà le patriarche Jacob le déclare : « En ton salut, j'espère, Yahvé ! » (Gen 49/19)
[24] - Saint Bernard disait : Marie ne peut pas être immaculée dans sa conception si elle est le fruit de son père Joachim, car alors la tare originelle est passée en elle. Et de fait le péché originel se transmet par la génération charnelle : définition de foi.

La vie, elle la possède en tout son être - la vie impérissable. Il est inné pour elle le sens de la virginité sacrée par nature. Anne et Joachim lui ont tout expliqué : et la pédagogie de Dieu à leur endroit, et la filiation divine qu'elle détient dès le premier instant de sa conception. Elle ne retombera jamais dans la voie d'Eve, qui engendra le premier homicide et les milliers qui suivirent ! Sa résolution est irrévocable. Elle gardera son corps de la blessure du viol, *« mater inviolata »*, et attendra de Dieu une génération sans tache – comme la sienne. Ceci en plein accord, en totale transparence avec son époux, Joseph.

C'est alors que l'Ange vient la visiter. Sera-t-il conforme à leur foi et à leur espérance ? *« Comment cela se fera-t-il ? »*.

**1/35** – *« Répondant l'Ange lui dit : « L'Esprit Saint viendra sur toi et la puissance du Très Haut te couvrira de son ombre ; c'est pourquoi l'enfant sera saint et sera appelé fils de Dieu. Et voici, Elisabeth ta parente elle aussi a conçu un fils dans sa vieillesse et elle en est à son sixième mois, celle que l'on appelait stérile. Car aucune parole n'est impossible à Dieu ».*

*« L'Esprit Saint viendra sur toi... »* Parfait ! Il n'y a rien à craindre ! L'Ange lui propose la maternité virginale, respectueuse de son corps et de son voeu. C'est un « bon ange », qui vient d'En Haut. Il s'adresse à Marie, car cette « parole » doit s'accomplir en elle ; à elle d'y répondre en toute liberté. Elle peut encore dire « non », elle peut dire « oui ». Il sera *« fils de Dieu »*, ce *« saint »* enfant, parce qu'il sera conçu du Saint Esprit. Dieu est son Père, directement, sans procédure d'adoption, comme déjà pour Marie. *« Tu es mon fils, moi, aujourd'hui, je t'ai engendré... »* (psaume 109).

Va-t-elle, comme Zacharie, demander un signe à l'Ange ? - Non ! Inutile ! Elle est toute disposée à recevoir le Don de Dieu. Cependant l'Ange va récompenser sa foi, en ajoutant un « signe » à sa promesse : sa vieille cousine a conçu ! Qui peut le plus peut le moins ! Si Dieu a régénéré ce sein stérile, à combien plus forte raison peut-il susciter la vie dans celui de Marie, vierge ! Six mois qu'Elisabeth est enceinte. Par la Parole de Dieu, par le Verbe Créateur, tout est possible, comme au premier jour du monde, où Dieu dit *« Que la lumière soit, et la lumière fut »* (Gen. 1/2)... Elle est vive cette lumière qui brille dans la génération du Christ ! *« Aucune parole n'est impossible à Dieu »,* certes ! mais la créature rationnelle – ange ou homme – peut opposer un refus. *« La lumière a lui dans les ténèbres et les ténèbres ne l'ont pas reçue ».* (Jn.1/5) « Non serviam ! » répliqua Satan. Dieu osa ce risque, en créant « son image et sa ressemblance », désirant partager avec nous son propre bonheur. Oui... mais si l'homme, par son libre arbitre, sombre dans le malheur ? - Dieu attend alors qu'une conscience – au moins une ! – se réveille et lui crie : « Fiat ! ». Eût-il créé sans cette espérance ? - Non ! Sans cette assurance ? - Non !

**1/38 -** *« Alors Marie dit à l'Ange : Voici la servante du Seigneur, qu'il me soit fait selon ta parole. Et l'Ange la quitta ».*
« Fiat ! » : Marie acquiesce, elle reconnaît dans les mots de l'Ange le désir divin. Elle pose un acte libre, car parfaitement intelligent : juste progression de la démarche. C'est en totale connaissance, en pleine lumière qu'elle s'engage, et que l'Esprit Saint lui-même peut alors déposer en ses entrailles un germe saint. La conception du Christ est devenue possible, et la parole de Dieu opérante. *« Marie a conçu dans son esprit avant de concevoir en son ventre »,* confirme saint Léon [25]. L'Ange s'efface, car sa mission est terminée. A Dieu d'accomplir sa promesse.

Marie conçoit : moment de grâce ! Réconciliation du ciel et de la terre ! Aboutissement de la création ! Réalisation du dessein divin - premier et éternel - après quatre mille ans d'attente !... Il semble que là, le temps s'arrête : car Celui qui est hors du temps, se manifeste, et donne au temps sa dimension d'éternité !

---
[25] - sermon pour la Nativité.

Plénitude, bonheur ! à portée de main... à portée de tous... « *Joie au ciel et paix sur la terre* » chanteront justement les Anges.

En commençant ce récit de l'Annonciation, Luc a cité nommément l'Ange de Dieu : « Gabriel ». Il tient l'information de la Vierge elle-même. Car il s'est fait connaître - ou reconnaître - le messager céleste, à celle qu'il a visité, même si la chose n'est pas directement dite. Dieu ne laisse pas ses serviteurs dans l'ignorance de ses desseins ; il révèle clairement l'identité de ses messagers. Tout est clair devant sa face, limpide et nu.

**1/39** – « *En ces jours là, Marie se mit en route et partit avec diligence, par la montagne vers une ville de Juda. Elle entra dans la maison de Zacharie et salua Elisabeth* ».

Imaginons, s'il est possible, le bonheur de ce couple : Joseph et Marie ; un fils de Dieu leur est donné. Elle est récompensée leur option virginale, sacralisée par le Très-Haut ! Marie sait, comme elle l'exprimera bientôt dans son Magnificat, qu'elle est enceinte du Messie, du Sauveur du monde, du Seigneur Dieu ! « L'Emmanuel » ! Il est là, dans ses entrailles, adoré par saint Joseph. Qui peut comprendre ce qui leur arrive ? - Leurs parents, bien sûr, qui les ont conduits dans cette voie royale, et qui eux-mêmes ont reçu l'Immaculée Conception. Mais qui d'autres peut comprendre ? - Elisabeth et Zacharie ! qui sont de la famille. Ils recevront le témoignage de Marie, eux qui font actuellement l'expérience du « Don de Dieu ». « *Vite ! annonçons-leur la bonne nouvelle ! l'accomplissement des promesses ! l'avènement du Roi des rois !* ». Ainsi vont les pensées de saint Joseph et de sainte Marie, premiers messagers de l'Evangile, dans ce qu'il a d'excellent, d'heureux, sans l'ombre de la croix.

Avec empressement, Marie gagne par les chemins de la montagne la ville d'Aïn-Karim où réside le vieux couple, à six kilomètres à l'ouest de Jérusalem, aujourd'hui bien identifiée. Est-elle accompagnée par saint Joseph ? Saint Luc ne le mentionne pas - mais il ne l'infirme pas non plus. Il concentre tout son récit sur celle qui est devenue « mère de Dieu », qu'il a lui-même interrogée, témoin de première main ! Ah ! Si le grand prêtre avait procédé comme lui !...

Passe-t-elle par Jérusalem, s'arrête-t-elle au Temple ? – Non, c'est encore trop tôt. Incapables de saisir le mystère les prêtres de la Loi, ordonnés pour régenter la voie charnelle. Marie se rend dans une « maison », celle que Dieu a déjà visitée : il s'y reconnaîtra !

**1/41** – *« Or il arriva lorsque Elisabeth entendit la salutation de Marie, que l'enfant tressaillit dans son sein, et Elisabeth fut remplie du Saint Esprit, elle éleva la voix avec un grand cri et dit : « Tu es bénie parmi les femmes et le fruit de ton ventre est béni. Et d'où m'est-il donné que la mère de mon Seigneur vienne à moi ? Car dès que le son de ton salut est arrivé à mes oreilles, mon enfant a tressailli d'allégresse dans mon sein. Heureuse celle qui a cru que s'accomplirait en elle ce qui lui a été dit de la part du Seigneur. »*

Connaissait-elle, Elisabeth, l'option virginale de ses cousins ? – Je le pense, puisque la conception immaculée de Marie ne lui fut pas cachée ; Marie, née de sainte Anne, stérile, le fut par la puissance de Dieu : la famille sait, et se redit souvent la merveille. Elle a grandi auprès de ses proches la petite Marie, pleine de grâce et de vérité. Comment cette enfant, fille bien aimée du Père, ne garderait-elle pas la virginité ? Si Dieu lui-même l'a engendrée d'un germe sacré, ce n'est certes pas pour qu'elle retombe dans la voie de la transgression ! dans la souillure de la chair ! Marie gardait le sanctuaire de son corps, comme un lieu inviolable : *« Je ne connais pas l'homme »*. Avec l'accord de saint Joseph : *« Tu seras pour moi une épouse virginale, offerte à Dieu pour sa gloire »*. Quel doux calice entre ses mains ! Une exacte oblation ! Un sacrifice pacifique ! Prêtre avant l'heure, saint Joseph, prêtre de la nouvelle Alliance.

Et voici que Marie franchit la porte de Zacharie, et salue Elisabeth. Sa voix cristalline et pure toute empreinte du Verbe qu'elle porte en elle, frappe les oreilles d'Elisabeth ; et le miracle s'opère. Quels mots a-t-elle prononcés ? On ne le sait pas exactement, mais ceux-ci suffisent : aussitôt, l'enfant reconnaît le Christ, vivant en Marie. D'un ventre à l'autre, les deux embryons communiquent. *« Je le vois, le Seigneur qui a posé les lois des vivants »,* lui fait dire saint Jean Chrysostome dans une très belle homélie. *« Je sortirai de cet obscur tabernacle... Je clamerai que le Fils de Dieu s'est fait chair ! »* - *« Jean n'est pas né, mais déjà il parle ».* Oui, il parle, Jean, dès l'utérus. Il annonce la venue du Christ : sa mission. Elle commence ici la vocation du Précurseur. Et la première à comprendre son langage est sa mère. Elle sait ce que dit son fils. Elle entre, elle aussi, par effet d'osmose, dans la Connaissance. Elle reçoit, à la suite de son petit d'homme, le Saint Esprit, et, poussée par le souffle d'En Haut, s'exprime : un grand cri sort spontanément de ses lèvres : *« Benedicta tu in mulieribus ! »* Merveilleuse exclamation que l'on a répétée pendant deux mille ans, liée à l'Ave Maria, à la Salutation angélique. On ne s'en lasse pas. C'est la réponse de l'humanité à « l'Evangile » proclamé par Marie. Oui, tu es bénie Marie, entre toutes ! Oui, ton enfant est béni !

Elisabeth ne s'y trompe pas : elle saisit aussitôt la différence, l'abîme ! entre le fruit de ses entrailles et l'enfant que porte Marie. Celui-ci vient de Dieu, celui-là de Zacharie. Celui-ci est béni, celui-là porte, malgré sa conception « miraculeuse », la tare du premier péché... jusqu'à ce moment béni de la visite de Marie. Il a vécu six mois, Jean Baptiste, privé de l'Esprit Saint, comme vous et moi avant notre Baptême. Ce baptême, il l'a reçu avant de naître, et c'est bien pour cela qu'il est *« le plus grand des fils de la femme ».* Il est né fils de Dieu – par adoption, certes - mais fils à part entière du Père. Sur-excellence de cet homme ! Néanmoins, en présence du plus grand des *« fils de l'homme »,* cette filiation ne l'égale pas. Jean-Baptiste est encore plus petit que *« le plus petit dans le Royaume »* (Luc 7/28) [26] Elisabeth le sait, par

---

[26] - L'avons-nous vu le plus petit dans le Royaume ? Isaac peut-être qui était de l'Esprit (Gal.4/29), mais qui est retombé dans la chair, hélas !

confidence de l'Esprit Saint : « *D'où m'est-il venu que la mère de son Seigneur vienne à moi ?* » La mère de mon Seigneur : de Dieu lui-même ! vivant dans le sein de Marie. Ce qu'Elisabeth comprend, Marie l'a compris avant elle ! Elisabeth est la première à confesser la maternité divine de sa cousine Marie.

« *Heureuse celle qui a cru... !* » A quoi a-t-elle cru, Marie ? - A la parole de l'Ange : « *L'Esprit Saint viendra sur toi...* » Elisabeth devine que cette conception n'a pu se faire sans une intervention céleste, un commerce angélique, comme la chose s'est produite avec Zacharie, qui, lui, n'a pas cru... Marie a cru, elle a reçu la Parole, et cette Parole s'est faite chair !

Oui, « *heureuse celle qui a cru* » : c'est la foi dans son essence même, l'adhésion intelligente au dessein si bouleversant, si merveilleux de l'Incarnation. « *Qu'il me soit fait selon ta parole* » : Marie a accueilli la génération virginale de son fils, elle a conçu dans sa virginité. Ezéchiel a vu cela, lorsque, sous ses yeux, « *la gloire de Dieu entra dans la maison par la voie de la porte donnant sur l'Orient... et la porte en était fermée* ». (44/1-4) L'hymen n'est pas un obstacle à la maternité : tout au contraire ! Elle la sacralise. « *Mater purissima, mater castissima* ». Que lui fallait-il pour réaliser une telle merveille ? - La foi, la foi seulement, la foi d'un couple.

L'avons-nous cette foi ? La foi de Marie et de Joseph ? Nous récitons dans le « Credo » : « *...il est né de la vierge Marie, il fut conçu du Saint Esprit* ». Très bien. Or, toute femme est vierge. Croyons-nous, comme Joseph et Marie, que Dieu peut susciter la vie dans le sein d'une vierge ? – Oui, je le crois, il peut donner au Christ premier-né, une « *multitude de frères* » ? (Rom. 8/29) Je le crois, comme « *toute la création, qui attend impatiemment la manifestation des fils (et des filles) de Dieu* ». (Rom. 8/19) ... Pourquoi les autres femmes seraient-elles ouvertes, déchirées, ensanglantées ?... Pensée indigne de Dieu, du vrai Dieu qui n'a fait ni le mal ni la mort ! Voie interdite !

Il nous faut donc raisonner ainsi : si Dieu a sciemment fermé l'utérus, c'est pour se réserver la génération, lui qui est Père, comme le dit le prophète Isaïe : *« Ouvrirai-je le sein, pour ne pas faire naître, dit Yahvé, puisque moi je fais naître en gardant le sein fermé ? »* (66/9). Et cette autre parole de Malachie : *« Si je suis Père, où est l'honneur dû à mon nom ? »* (1/6).

*« Je crois en Dieu, le Père tout puissant »* = « Je crois en Dieu, tout puissant en paternité ». Vraiment ? Ai-je vraiment cette foi ? Saint Joseph et sainte Marie ont cru. Sainte Anne a cru, recevant dans son sein l'Immaculée Conception. Sarah s'est réjouie à la pensée d'avoir un fils *« selon l'Esprit »* (Gal. 4/29) : elle a ri de bon coeur ! Toutes ces femmes ont connu la visite de l'Esprit. Pourquoi pas toi, femme d'aujourd'hui ? Pourquoi pas moi ? Il suffit de croire, comme elles.

**1/46** – *« Et Marie dit : « Mon âme magnifie le Seigneur et mon esprit exulte de joie en Dieu mon Sauveur. Car il a jeté les yeux sur la petitesse de sa servante. Voici, en effet, que désormais toutes les races me diront bienheureuse ; car le Puissant a fait en moi de grandes choses, et son nom est saint ; et sa miséricorde s'étend de génération en génération sur ceux qui le craignent. »*

Marie rend grâce, de toute son âme, de tout son esprit et de tout son coeur ; elle rend grâce au Père tout puissant, pour les merveilles, *« les grandes choses »* qu'il a opérées en elle ! Tout son être tressaille en Dieu, son *« Sauveur »*. Elle prononce ici, mais nous n'avons que le grec, le nom de son fils « Jésus » en hébreu. Car ce Jésus est aussi son Sauveur. Comment cela ? direz-vous, a-t-elle besoin d'être sauvée l'Immaculée dès sa conception ? Mais c'est là précisément qu'elle fut sauvée ! Car, immaculée, sa mère ne l'était pas. Il fallut une action salvifique de Dieu pour rendre pur le sein d'Anne, sans tares ses cellules et ses chromosomes. Si le péché d'origine se transmet par la génération charnelle (concile de Trente), Marie en fut préservée, parce que, précisément, sa conception ne fut pas charnelle.

Voici qu'aujourd'hui, celle qui fut naguère sauvée, est enceinte du Sauveur ! Elle va enfanter Celui qui l'a créée ! Sublimité incomparable ! On le chante dans *« l'Alma Redemptoris Mater »* : « *Tu as engendré ton propre Géniteur (Genitorem), au grand étonnement de la nature »*. Elle, « *la petite servante* » de la Parole, obtient ce que la Parole a promis : « *L'Esprit Saint viendra sur toi...* » Logique ! C'est en raison de sa foi en la promesse, qu'elle est *« bénie entre les femmes »,* comme le dit Elisabeth, et que : « *toutes les générations la proclameront bienheureuse »*. Elle est enceinte du Messie, du fils de Dieu, du Verbe de Dieu ! Qui dit plus ? – Personne ne dira jamais plus. Génération unique, car divine en l'être qui est conçu. Marie sait, elle connaît la transcendance de l'enfant qu'elle porte en ses entrailles. Comme est haut le ciel au-dessus de la terre, ainsi son fils au-dessus des générations terrestres - y compris les générations immaculées ! Toutes peuvent la déclarer *« bienheureuse »*. Elle nous le dit, poliment bien sûr ! elle ne cache pas à Elisabeth cette vérité, que la mère du précurseur peut entendre.

« *Saint est son Nom !* ». Lorsque le Christ voudra nous apprendre à prier, il ne dira pas autre chose : « *Notre Père qui es aux cieux, que ton nom soit sanctifié »*. Où fut-il sanctifié le nom du Père, sinon en Marie, par l'action du Saint Esprit ? C'est ici, dans ce lieu saint fermé par le voile, que fut révélé le Nom du PERE. Dieu fut père de Jésus-Christ, il est père des chrétiens à condition que ceux-ci lui laissent l'initiative de la vie. Patience de Dieu qui, aujourd'hui comme hier, attend notre acte de foi.

« *Sa miséricorde s'étend de génération en génération sur ceux qui le craignent »*. Marie le chante : elle en fut la première bénéficiaire ! Dieu veut exercer sa miséricorde sur tous les hommes : son plein salut. Il veut rassembler l'humanité entière dans sa Paternité. Il ne le pourra *« qu'en ceux qui le craignent »*, et qui, au cours des générations de péché, opteront pour son Fils et sa sainte génération. Respect total de la liberté humaine. Pour ceux-ci, toute miséricorde : les portes du Royaume leur sont ouvertes, à la suite du saint foyer, notre modèle dans la foi.

**1/51** – « *Déployant la force de son bras, il a dispersé les orgueilleux aux pensées de leur coeur, renversé les puissants de leur trône, élevé les humbles (petits). Il a comblé de biens les affamés, renvoyé les riches vides. Il a secouru Israël son serviteur, se souvenant de sa miséricorde, ainsi qu'il l'avait promis à nos pères, à Abraham et à sa semence à jamais* ».

Anne, la mère de Samuel, qui fut longtemps stérile avant de concevoir le prophète, chantait la même victoire dans son cantique, célèbre en Israël : « *C'est Yahvé qui abaisse et qui élève. De la poussière il retire le faible, du fumier il relève le pauvre, pour l'asseoir au rang des princes, lui assigner un trône de gloire... L'arc des forts se brise, mais les chétifs ont la vigueur pour ceinture...* » (1 Sam. 2/1-10). Comme Marie, elle bondissait de joie la femme d'Elcana, car le Seigneur avait ôté son opprobre. Dans sa prière inspirée, elle évoque - de loin - le Messie : « *Yahvé juge les confins de la terre, il donne la force à son Roi, il exalte la corne de son Christ* (= Oint ou Messie). Ceci, mille ans avant Jésus-Christ ! Elle avait deviné : le Messie naîtra de Dieu, comme elle avait obtenu son fils, de Dieu. L'épouse de Joseph connaît ce cantique, elle le chante depuis son enfance, avec Anne sa mère – il lui tient particulièrement à coeur ! Normal que Marie en ressorte la trame à sa cousine Elisabeth !

Avez-vous remarqué que la Vierge s'exprime ici au passé ? Dieu « *a dispersé les orgueilleux, il a renversé les puissants, il a renvoyé les riches* » : c'est fait, puisque le Christ est là ! Le Roi des rois est conçu, le Maître de l'Univers : la victoire est acquise ! La vraie richesse, c'est lui ! Le vrai bonheur, c'est lui ! Déjà il « *élève les humbles, il comble les affamés, il relève Israël* », comme ses parents : tous ceux qui obéissent à la Parole et la mettent en pratique. Ils furent affamés, Joseph et Marie, du pain de la vérité, et ils le mangèrent ! Comme prévu ! (ps. 97/3 entre autres). Oui, Dieu a exercé sa miséricorde envers Israël. Le Salut est à portée de main, incarné en cet enfant que porte une fille de Sion.

*« Par la force de son bras »*. La notion du « bras de Yahvé » revient souvent dans l'Ecriture : *« Le Salut lui vient de sa droite et de son bras de sainteté »*, chante le psaume 97. Isaïe évoque aussi ce « bras » vengeur, prêt à assouvir la colère du Très Haut (59/16 ; 63/5). Incontestablement, le mot évoque la puissance, mais non seulement la puissance altière et guerrière, mais aussi la puissance virile. En hébreu, les mots « bras » et « semence » s'écrivent avec les mêmes consonnes, si bien que les deux notions restent concomitantes. [27] Et de fait : dans le chapitre 53 d'Isaïe, la Vulgate ne traduit-elle pas : « Et le bras de Yahvé, sur qui a-t-il resplendi ? » alors que le mot hébreu est semence ? Sur qui a-t-elle resplendi la « semence » = la génération de Yahvé ? Elle a resplendi sur Israël, depuis le foyer de Nazareth ! Par la génération sainte du Christ, le trône de l'Adversaire est renversé, l'orgueil de Lucifer abattu, sa tête écrasée, son règne anéanti. La victoire est totale par la foi d'une femme : *« Elle t'écrasera la tête »* ; par la foi d'un couple ! Marie le chante avec allégresse, et Elisabeth enregistre. Oui, c'est par le « bras » de Yahvé, la « semence » de Yahvé, qu'elle a conçu.

*« Comme tu l'as promis à nos pères »*, dit-elle, avant de citer *« Abraham et sa semence » (sperma en grec).* Yahvé avait promis un fils à Abraham, du sein stérile et mort de Sarah, alors qu'Abraham, centenaire, n'avait plus de semence. Paradoxe ! *« Son sein était mort »*, dit Saint Paul (Rom.4/19). Mais Dieu dit : *« Moi, je te donnerai un fils »* (Gen.17/16). Et la parole s'accomplit : *« Yahvé visita Sarah »* (Gen. 21/1) : Yahvé, non Abraham ! Il est né *« de l'Esprit »* l'enfant de la promesse, résume en un mot saint Paul (Gal. 4/29). C'est aujourd'hui la même, l'identique promesse, qui se réalise en Marie. Désormais la boucle est bouclée. Marie et Joseph ont rejoint la foi du premier père ; en Marie la « semence » = la descendance d'Abraham, trouve sa finalité et sa plénitude ; c'est la raison d'être d'Israël. *« Mes frères,* explique saint Paul aux Galates*, les promesses divines ont été faites à Abraham et à sa descendance. Dieu ne dit pas : « à ses descendants », comme s'il*

---

[27] ZeRoHa = bras : ZeRHa = semence.

*s'agissait de plusieurs,* [28] *mais il dit : « à sa descendance », parce qu'il s'agit d'un seul, et c'est le Christ. »* Oui, le vrai descendant d'Abraham, c'est le Christ ! Abraham crut en la promesse, et Joseph après lui. Jésus en est le fruit sur-excellent, le fils le plus grand, le Roi du Royaume ! Marie a pleine conscience de ces *« choses »* - sublimes choses ! que Dieu a réalisées en elle, et elle le chante avec enthousiasme. Elle et son époux Joseph ont porté la foi d'Abraham à son achèvement.

Elisabeth entend, et son fils en elle, émerveillés tous deux, réceptifs ; tous trois, je dois dire, car Zacharie n'est pas loin. Il n'a plus de langue, mais il a des oreilles ! Depuis six mois qu'il médite en silence !... il commence à comprendre, enfin ! Lui, à la conception « miraculeuse » de son fils, il n'a pu clamer sa joie : impossible ! Forcé de se taire, malgré cette excellente nouvelle. Forcé de se taire ici, à la visite de son Dieu caché dans le sein de Marie. Rude pénitence ! Comme il doit se mordre la langue, pour avoir trop parlé... pour avoir douté ! Tout l'opposé de Marie ! Sûr que de grosses larmes coulent sur ses joues...

Oui, il a mille fois raison saint Augustin de dire dans un de ses sermons : *« Le chant de Marie fait taire le gémissement d'Eve ! »* - *« Eve a pleuré,* commente-t-il, *cette vierge a exulté. Eve a porté les larmes, Marie la joie dans ses entrailles. Car la première a enfanté le pécheur, mais celle-ci a engendré le juste »*. La « mutation » s'est opérée au niveau de la génération. *« La mère de notre espèce humaine a soumis le monde à la souffrance, la mère de notre Seigneur a introduit le salut. Eve a promu le péché, Marie a conféré le mérite. Eve a détruit en provoquant la mort, Marie nous a relevés en ramenant la vie. Celle-là a blessé, celle-ci a guéri. La désobéissance est écartée par l'obéissance. La foi répare l'incrédulité. »* Les Pères ont aimé faire ce parallèle entre Eve et Marie, toutes deux immaculées dans leur conception, rappelons-le. La première, par son libre arbitre, a engagé le monde dans la génération interdite avec les conséquences que l'on sait. Nul besoin de la foi pour imiter les animaux ! La seconde, par son libre arbitre, a engendré le plus grand des fils de Dieu.

---
[28] - Ce qui exclut de facto Ismaël.

Elle a reçu la Parole de l'Ange au point de l'incarner dans ses entrailles. *« Sa foi répare l'incrédulité »*.

**1/56** – *« Et Marie demeura avec elle environ trois mois, et s'en retourna dans sa maison. »* L'Eglise, dans sa sagesse, a placé la fête de la Visitation le 2 juillet [29], jour de la circoncision de Jean-Baptiste - huit jours après sa naissance - jour où le précurseur reçut son nom. Par le choix de cette date, elle voulait marquer la fin du séjour de Marie auprès de sa cousine Elisabeth. *« Ce n'est pas seulement pour leur mutuelle amitié, qu'elle demeura longtemps avec sa cousine,* argumente saint Ambroise, *mais surtout pour le progrès d'un tel prophète... La longue présence de Marie dans cette maison a multiplié les grâces ! Tout comme un bon athlète oint son corps en vue du combat, ainsi le prophète se préparait au combat dès le sein maternel ».* Il eut deux mères, le fils de Zacharie : celle qui l'a conçu de semence humaine, et celle qui le conçoit de l'Esprit Saint ; il est devenu, en quelque sorte, le frère jumeau du Christ, d'un utérus à l'autre. Oui, saint Ambroise a raison : *« Marie a bien accompli son devoir ».* Elle a porté à terme cet enfant, avec Elisabeth. Jean acheva sa gestation en présence de Jésus, son Sauveur : bénéfique assistance ! Ainsi naquit, on peut le dire, le premier fils de Marie, dans la maison d'Elisabeth. Ainsi naquit le premier fils d'Elisabeth : le plus grand des fils de la femme. Quant à Jésus, embryon, il grandissait et se fortifiait au contact de ces deux femmes, et de leurs respectifs maris.

**1/57** - *« Pour Elisabeth le temps fut révolu où elle devait enfanter, et elle engendra un fils. Ses voisins et ses parents ayant appris que le Seigneur avait magnifié sa miséricorde envers elle, se réjouissaient avec elle ».* Sûr que Zacharie exulte, mais il ne peut encore l'exprimer. Il ne peut rendre grâce de vive voix ! Il est des punitions bien lourdes, et celle-ci plus que toute autre.

---

[29] - Transportée sans raison au 31 mai par Vatican II.

**1/59** - *« Et au huitième jour ils vinrent pour circoncire l'enfant et ils l'appelaient du nom de son père, Zacharie. Et répondant, sa mère dit : « Non, mais il s'appellera Jean ». Et ils dirent : « Il n'y a personne dans ta parenté qui s'appelle de ce nom-là ». Alors ils firent signe à son père pour savoir comment il voulait l'appeler. Et ayant demandé une tablette, il écrivit : « Jean est son nom ». Et tous furent stupéfaits. Alors sa bouche s'ouvrit aussitôt, et sa langue, et il bénissait Dieu ».*

« Il s'appellera Jean » ! du nom que l'ange a donné. Zacharie s'incline devant l'œuvre accomplie par Dieu sous ses yeux. Cet enfant est un don de Dieu, puisqu'il sort d'un sein stérile et vieilli ; cet enfant fut ré-engendré par l'Esprit Saint, dès le sein de sa mère. Donc il n'appartient plus à Zacharie, mais à Dieu. En conséquence, il ne s'appellera pas Zacharie, mais « Jean », c'est-à-dire « Dieu a fait grâce, Dieu a donné sa grâce » : l'Esprit-Saint lui-même. Zacharie opte pour la paternité de Dieu au détriment de sa paternité biologique. Enfin, il renonce ! Enfin, il accepte cette génération qui vient du Père !

Pour Elisabeth, la chose est entendue, surtout depuis la visite de sa cousine Marie. *« Il s'appellera Jean »* dit-elle, sans hésiter. Ce nom, elle le tient de son époux qui le lui a écrit noir sur blanc sur son écritoire. Et elle a bien compris ce qu'il signifiait.

Alors, la bouche de Zacharie s'ouvrit. Terminé le mutisme ! Achevée la pénitence ! Enfin ! Le signe qu'il avait effrontément demandé a perduré jusqu'à ce jour de la circoncision où il devait prénommer son garçon. Possible que sa langue soit restée liée, s'il avait écrit : « Zacharie » ... Ceci se passe pour la circoncision de Jean : la circonstance est d'importance. Car, qu'est-ce que ce rite, sinon le signe extérieur de la renonciation à la voie génitale ? Rappelez-vous : elle fut donnée à Abraham comme *« sceau de la justice de sa foi »* explique saint Paul (Rom.4/11) : sa foi en la paternité de Dieu sur son fils Isaac. L'histoire d'Abraham rejoint magnifiquement celle de Zacharie.

**1/65** – *« Et tous leurs voisins furent saisis de crainte, et dans toute la montagne de Judée se colportaient toutes ces paroles, et ceux qui les écoutaient les mettaient dans leur coeur disant : « Que sera donc cet enfant ? » Et en effet la main du Seigneur était avec lui. »*

Il s'est passé un événement exceptionnel, miraculeux dans la maison de ce prêtre d'Aaron. Toute la Judée le sait et Jérusalem aussi - puisqu'il eut sa vision au Temple. Un enfant est né, pas comme les autres : d'une stérile, hors d'âge, avec un nom prédestiné. *« Que sera donc cet enfant ? »* On le guette le petit Jean, on le considère avec admiration et étonnement. Il est déjà connu, celui qui deviendra le « précurseur ». On voit, on constate que le Seigneur est avec lui : il le tient par la main son petit garçon. A l'évidence, quelque chose se prépare, et les coeurs bien disposés le pressentent. Le salut est en marche, car le Seigneur est là.

**1/67** – *« Et Zacharie, son père, fut rempli de l'Esprit Saint, et il prophétisa... »*
Revenons au jour de la circoncision de Jean. Quels furent les premiers mots de son père, lorsqu'il eut recouvré la parole ? *« Il bénissait Dieu »*, dit le texte (v. 64). Enfin elle s'échappe son action de grâces ! Depuis si longtemps qu'elle bouillonnait en lui sans qu'il puisse la dire ! Il peut désormais remercier à haute voix Celui qui a comblé son foyer, rempli sa maison, restauré son nom : sa lignée en Israël. Il a tout obtenu ; que voulez-vous qu'il fasse, sinon louer Dieu ?...

Ce n'est qu'après avoir reconnu le nom de son fils : « Jean », qu'il est lui-même rempli de l'Esprit Saint. Normal ! il entre dans la génération sainte. Cette fois, la famille est réunie au grand complet, ointe par Dieu en chacun de ses membres. Animé de ce souffle nouveau, éclairé par sa foi toute neuve, Zacharie prophétise. Ecoutons-le, ce prêtre de l'Ancienne Loi, brusquement précipité dans le Royaume du Christ :

**1/68** – « *Béni soit le Seigneur, le Dieu d'Israël, car il a visité et racheté son peuple. Il a dressé pour nous une corne de salut dans la maison de David son serviteur. Tout comme il l'a dit par la bouche des saints, depuis les siècles, ses prophètes ; salut qui nous arrache à nos ennemis et de la main de tous ceux qui nous haïssent ; pour exercer miséricorde envers nos pères et se souvenir de son alliance sainte ; serment qu'il a juré à Abraham notre père, de nous donner qu'affranchis de la crainte, délivrés de la main des ennemis, nous le servions en sainteté et justice, devant lui, durant tous nos jours...* ».

Il est chanté aux Laudes, chaque jour, ce « Benedictus » au nom si bien choisi ! Depuis vingt siècles, ou presque ! L'Eglise s'est associée à la louange de ce prêtre de Jésus-Christ par sa foi nouvelle. Avec lui, elle commémore chaque matin la venue en ce monde du Sauveur. « S*alut qui nous arrache à nos ennemis* ». Quels sont-ils, pour Zacharie, ces « ennemis » ? Ceux d'Israël, d'abord : les Romains, Hérode... ennemis extérieurs - mais aussi et surtout ces ennemis sournois, rampants, dangereux, que sont les Anges pervers, ennemis jurés de la Rédemption, Satan leur chef de file, et leurs alliés terrestres ; tous *« conspirent contre Dieu et contre son Christ »* (Ps. 2/2), et clament : *« Nous ne voulons pas qu'il règne ! »*

Une femme, déjà, les a vaincus par sa génération virginale. Le Christ entend ce « Benedictus » depuis le sein de sa mère : il les terrasse par sa seule présence. Zacharie, lui, a compris : désormais la victoire est acquise, le rachat opéré. *« Il a racheté son peuple »* (v.68). Il a érigé une *« corne de Salut »* = une puissance de Salut, dans la maison de David : dans la famille de Zacharie ! Le Sauveur du monde est conçu, selon la promesse faite à leur ancêtre : *« C'est du fruit de tes entrailles que je mettrai sur le trône fait pour toi »* (Ps. 131/11), *« Ta maison et ta royauté subsisteront à jamais devant toi, ton trône sera affermi pour toujours »* (2 Sam.7/12-16), *« Prince au jour de ta naissance, de mon sein dès l'aurore engendré »* (Ps. 109/3.) Elle ressuscite l'espérance d'Israël, même si le trône, présentement, est vacant... Non ! Dieu n'a pas failli dans sa promesse, promesse conditionnée, souvenez-vous : « *ils (les fils de David) siègeront sur mon trône, s'ils gardent mon alliance, le témoignage que je leur ai enseigné.* » (Ps.131/12) Qui a retrouvé et gardé cette alliance ? - Saint Joseph et sainte Marie, alliance conclue avec Abraham et son épouse Sarah : « *Compte les étoiles du ciel, si tu le peux : telle sera ta postérité.* » *Et Abraham crut en Dieu, et cela lui fut compté comme justice* ». (Gen.15/5-6). « *Ta femme, je la bénirai... elle deviendra des peuples, des rois, des nations viendront d'elle* » (Gen.17/16) [30]. Alliance reconduite avec Isaac, l'enfant de la promesse (Gen 17/19, 21), puis avec Jacob (Gen. 28/13-15) : les ancêtres d'Israël. Oui, l'espérance des Prophètes et des Pères est accomplie, la miséricorde accordée, l'alliance renouvelée, grâce à la foi toute simple, toute droite, d'une fille de Sion. Il nous l'affirme ce prêtre qui nous fait passer de l'Ancien au Nouveau Testament. Le premier s'enracinait sur la Loi et les rites sacrificiels dûs au péché. Le second se construit sur la foi, et le fruit de la foi, en raison de la justice. Oui, nous pouvons « *le servir en sainteté et en justice* », si nous entrons dans la foi de Marie : c'est à elle qu'il pense Zacharie lorsqu'il prononce cette phrase ; c'est au Christ qu'il pense, présent « *devant lui* », quoique caché dans l'utérus virginal. Le Saint par excellence, c'est lui, le Juste par excellence, c'est lui ; et saint Joseph !

**1/76** – « *Et toi, petit enfant, tu seras appelé prophète du Très-Haut : tu marcheras devant le Seigneur pour préparer ses voies, et donner au peuple la connaissance du Salut, en rémission de ses péchés, par les entrailles de miséricorde de notre Dieu, dans lesquelles il nous a visités ; soleil levant, lumière d'en haut pour éclairer ceux qui sont dans la ténèbre, assis dans l'ombre de la mort, pour diriger nos pas dans la voie de la paix* ».

L'a t-il pris dans ses bras, son petit Jean ? On peut le penser. Il lui parle, il lui annonce de sa voix enfin retrouvée – que l'enfant ne connaît pas encore – quelle sera

---

[30] - Quels sont « ces rois et ces nations » sinon les rois chrétiens et les nations chrétiennes, qui partagent la foi d'Abraham ? Cette parole sera pleinement accomplie dans le Royaume du Christ.

sa mission, sa vocation sur cette terre. Il lui transmet en digne père, ce que l'Ange Gabriel lui a révélé : *« Tu marcheras devant le Seigneur, tu lui prépareras un peuple bien disposé. »* Zacharie a eu le temps de méditer : trois mois, en présence de la Vierge et de l'Enfant-Dieu ! Son fils est le grand prophète, annoncé par Malachie (3/23-24), *« il sera rempli de l'esprit et de la puissance d'Elie ».* Jean n'a que six mois de plus que Jésus ; sa mission sera resserrée dans le temps, et d'autant plus intense. Que nous dit Zacharie - tout en parlant à son enfant ? – Que « le Messie est là ! que le Sauveur est arrivé ! pour nous arracher aux ténèbres et à la sentence de la mort. La vie est désormais possible ! »

*« Par les entrailles de miséricorde de notre Dieu »*, et par les entrailles de miséricorde de Marie : elles s'unissent pour nous donner le salut et le Sauveur ! Paix sur la trace de nos pas ! Jean sera le messager, le héraut de cette bonne nouvelle. Zacharie exulte ! Son cantique est rempli d'allégresse... alors qu'elles seront sévères les paroles du Baptiste : *« Race de vipères !... Faites de dignes fruits de repentir ! »* Contraste ! Le père jubile, le fils gronde. Le père se réjouit dans la foi, le fils bataille pour y conduire son peuple. *« Il ramènera le coeur des pères vers les enfants »* : Zacharie, le père du Prophète, fut le premier d'entre ceux-là !

**1/80** – *« Or l'enfant grandissait et se fortifiait dans l'Esprit, et il était dans les déserts jusqu'au jour de sa manifestation devant Israël ».* Nous arrivons, avec ce verset 80, à la fin du premier chapitre de Luc. Il commence par l'annonce à Zacharie, il se termine par la naissance de son enfant : logique. Première étape de la Rédemption. Le petit Jean, embryon dans le sein de sa mère, annonce la venue du Christ dès le jour de la visitation de Marie. Sa prédication se poursuivra jusqu'à l'heure de son martyre. *« Il ne t'est pas permis de prendre la femme de ton frère »* (Mc. 6/18)... Il donnera sa vie pour l'unité du couple, comme il a consacré sa vie au Dieu trinitaire : même combat.

Pour l'heure, nous le voyons grandir et se fortifier dans l'Esprit Saint qu'il a reçu. La maternité spirituelle de Marie sur lui s'affermit, même si cette « maman » n'est pas toujours présente. Et quand elle vient à passer, avec Joseph et l'Enfant Dieu, par Aïn-Karim, quel bonheur pour eux tous ! Joies indicibles ! Ils se connaissent bien les deux garçons – et depuis le sein maternel ! Ils s'aiment comme deux frères - et ils le sont !

Ira-t-il officier au Temple comme son père, celui qui est devenu un jeune homme ? Non ! même si la loi l'oblige, en tant que fils de Lévi. Son père ne semble pas l'y contraindre. Zacharie a compris que la voie de son fils l'arrache à l'ordre ancien : il n'est plus sujet de la Loi, car il est devenu fils de Dieu par la Foi. Il est passé de l'ancienne à la nouvelle Alliance. Adieu holocaustes et sacrifices pour le péché ! Jean annonce la génération sainte, la génération du Christ : virginale, sans effusion de sang ; celle en qui Dieu met ses complaisances, toute sa joie.
Il ne prend donc pas la direction de Jérusalem, mais celle du désert. Loin du monde. Loin des habitudes nocives du monde : chaînes ancestrales. Là, dans la quiétude de la nature vierge, va grandir et mûrir sa vocation, comme un beau fruit au soleil. Il n'est pas seul, mais avec Dieu, et Jésus l'y retrouve parfois... Le Prophète est nourri à la source même, en attendant son envoi en mission. Mission qu'il prépare consciencieusement, en toute clairvoyance, persuadé de son importance vitale ! Le Messie est là, son Grand Frère – quoique un peu plus jeune. Qui le sait en Israël, à part ses proches ? – Personne. A lui, revient la belle et redoutable tâche de le faire savoir, de préparer les coeurs et les esprits à l'accueillir. Sans doute, sent-il peser parfois sur ses épaules le poids de ce message... car le sort du peuple juif dépend de lui, le sort du monde ! Il faut qu'Israël reconnaisse le Messie en Jésus de Nazareth, et obtienne par lui le Salut ! Dire que deux mille ans après les faits, l'incrédulité perdure !

Alors : fut-elle vaine la prédication du Baptiste ? Non, puisque deux mille ans après les faits, le christianisme est bien vivant... Force est de constater cependant, que les nations, autrefois chrétiennes, ont rejeté de leurs constitutions la Foi du Christ. Jusqu'à ce que tonne, à nouveau, à la fin des temps, la voix du Précurseur : « *La cognée est à la racine des arbres... il a dans sa main le van pour nettoyer son aire... Qui vous a appris à fuir la colère qui vient ?* » Toujours de pleine actualité ces paroles. Non ! elle n'est pas finie la mission de Jean.

ooo

## Chapitre 3 – Selon Luc, en son second chapitre

*« En ces jours là, sortit un décret de César Auguste [31], en vue de recenser toute la terre habitée [32]. Ce recensement, le premier, eut lieu alors que Quirinius était gouverneur de Syrie »* [33]

Sulpicius Quirinius [34] assura deux mandats [35] dans cette partie de l'Empire Romain, et supervisa deux recensements : le « premier », du temps de la naissance du Christ, et le second, au temps de la révolte de Judas le galiléen (Act. 5/37), en l'an 6 de notre ère. [36]

**3/2** – *« Et tous allaient se faire recenser chacun dans sa propre ville. Joseph alors monta de la Galilée, depuis la ville de Nazareth jusqu'en Judée, à la ville de David, appelée Bethléem, parce qu'il était de la Maison et de la famille de David, pour se faire recenser avec Marie son épouse qui était enceinte. »*

Bethléem : ville natale du roi David (1010-970 env.) (1 Sam. 16/1) - ancêtre du Christ - va devenir la ville natale du Roi des rois et du Sauveur du monde. Bethléem = *« la maison du pain »* - ce gros pain de froment que Marie porte en ses entrailles - va nourrir la terre entière de la vie impérissable. *« Le pain que je donnerai c'est ma chair pour la vie du monde »* (Jn. 6/51). *« Qui mange de ce pain vivra pour toujours »* (Jn. 6/58). Oui, le *« pain vivant »* sortira de cette petite ville, et plus précisément d'une « maison » : celle de saint Joseph, [37] comme fruit d'un couple

---

[31] - Empereur des Romains de 30 avant Jésus-Christ à 14 après J.C.
[32] - L'empire romain.
[33] - Les Annales de Tacite confirment le titre de « gouverneur de la Syrie » donné à Quirinius, légat de César.
[34] - Proconsul, il avait reçu les « insignes du triomphe » à la suite de sa victoire contre les Homonades, dans le Taurus ; la Syrie était province de rang consulaire, la Judée et la Galilée dépendaient de cette province au point du vue du gouvernement romain. Quirinius possédait l'Imperium à la fois militaire, civil et judiciaire.
[35] - De 4 à 1 avant J.C. et de 6 à 10 après J.C. Ce double mandat fut bien mis en évidence par Ernest Desjardin, Théodore Mommsen ; voyez aussi sur cette question les travaux de Sylvie Chabert d'Hyères.
[36] - Celui-ci en Judée seulement, daté par Flavius Josèphe (Antiquités, 18, 26).
[37] - Il n'est pas resté longtemps dans l'étable, il a trouvé à se loger dans une « maison » (Mt. 2/11) en attendant la « purification » qui aura lieu au temple 40 jours après la naissance.

unifié. Non, il ne viendra pas de Jérusalem, quoiqu'elle soit aussi la cité de David, mais conquise par la force ! (2 Sam 5/6-10). Le Messie ne naîtra pas du sacerdoce d'Aaron - lévites de père en fils - mais de la descendance de Juda, quatrième fils de Jacob, qui s'offrit en échange du rachat de Benjamin, son jeune frère. (Gen. 44/18-34). La nouvelle alliance est en marche, non plus scellée par Moïse, mais par la foi d'un homme et de son « épouse » [38].

De Nazareth en Galilée, à Bethléem en Judée, il faut compter trois à quatre jours de marche. Longue traversée pour une femme sur le point d'enfanter. Cependant Joseph n'hésite pas : il considère le décret impérial comme une circonstance providentielle. Car il faut que le Messie naisse dans la cité de David (Is. 9/5-6), conformément à l'annonce de Michée (5/1). Aussi c'est de bon coeur que le couple prend la route, sûr de la volonté divine. Une fois arrivé, il inscrira sur les registres romains le nom du « Sauveur » du monde : « Jésus », son jour de naissance attesté à la face des peuples par ce document officiel. Et de fait : nous trouvons sous la plume de Tertullien (début du 3ème siècle) la mention de ce recensement sous Auguste, *« dont les archives romaines gardent fidèlement le témoignage de la nativité du Seigneur »*, dit-il [39]. Rome possédait donc ce document dans les premiers siècles. Qu'est-il devenu ? Saint Jean Chrysostome s'en fait directement l'écho lors de sa remarquable homélie prononcée à Antioche pour la Noël 386 - le 25 décembre : *« C'est par les fidèles de Rome que nous a été transmise cette indication* (la date anniversaire du Christ) *conservée dans les archives publiques de Rome grâce au recensement d'Auguste »*. [40] On ne peut être plus précis !

Ces témoignages des premiers siècles, si précieux, sont aujourd'hui confirmés, authentifiés, par la découverte inespérée de Qumram : ce fameux manuscrit « 4 Q

---

[38] - « émnèsteumènè » comme en 1/27, ce qui démontre bien que Luc entend parler, dans les deux cas, de l'épousée et non de la fiancée. De même Matthieu en 1/18.
[39] - Dans son ouvrage « Contre Marcion » (IV 7, 7).
[40] - En Orient et à Jérusalem on fêtait, dans les premiers siècles, la Nativité le 6 janvier. L'usage occidental s'est universalisé, au 4ème siècle sur la foi de cette archive et sur la foi des Apôtres venus à Rome.

321 » dont nous avons parlé au chapitre 1 de Luc, verset 8. L'Enfant Dieu, le Verbe de Dieu, fut recensé – et sa date de naissance attestée – sur la planète Terre. Qui désormais pourra nier son existence historique ?

Retrouvera-t-on un jour cette archive romaine ?...

**2/6** – « *Or il advint, alors qu'ils étaient là, que furent accomplis les jours de son enfantement, et elle enfanta son fils premier-né, et elle l'emmaillota et le coucha dans une mangeoire, car ils n'étaient pas à l'hôtellerie.* »

Ce qui devait arriver arriva : Marie enfanta. Comment allons-nous traduire la dernière phrase de ce passage : « Il n'y avait pas de place pour eux à l'hôtellerie » ? ou « Leur place n'était pas à l'hôtellerie » ? Ou, plus simplement : « Le lieu - où ils étaient - n'était pas l'hôtellerie » ? Rappelons que les hôtelleries de l'époque ressemblaient plutôt à des caravansérails. Cette dernière traduction me semble de beaucoup la meilleure. L'évangéliste vient de parler de la « mangeoire », ce qui le conduit à dire qu'ils ne se trouvent pas dans une hôtellerie. Pourquoi n'y sont-ils pas allés ? Parce que la sainte famille voulait vivre ce moment dans l'intimité, cette naissance dans le secret de leur amour et de leur adoration. Eux seuls connaissent le grand mystère : leur fils est « l'Emmanuel », « Dieu avec nous ». Merveille ineffable ! Il faut avoir les yeux ouverts sur ce mystère pour en apprécier la grandeur, et pour en soutenir l'éclat : car il fut éclatant l'enfantement du Christ, baigné de lumière. C'est dans sa virginité que Marie l'a mis au monde, sans déchirure de sa chair, dans une extase toute divine. « *Virgo concepit, virgo peperit, virgo permansit* », « *Vierge avant, vierge pendant, vierge après l'enfantement* » : ces définitions si concises de l'Eglise résument tout. [41] Comment aurait-elle connu les douleurs celle qui n'a pas péché ? celle qui est restée inviolée ? « *Mater inviolata* », chante la liturgie. Comme un rayon

---

[41] - Les symboles de la foi, orientaux, locaux, mentionnent dès le 4ème siècle la virginité perpétuelle de Marie. « Marie toujours vierge ». Cette vérité fut rappelée souvent au cours des âges. Voyez le Denzinger.

de soleil traverse une coupe de cristal, ainsi Jésus est sorti de sa mère. Pierre, Jacques et Jean l'ont vue cette gloire, plus tard, lors de la Transfiguration ; nous la voyons aujourd'hui encore sur le Saint Suaire, brûlé superficiellement par le flash de la résurrection. Marie a enfanté dans la joie et l'allégresse, comme l'ont chanté et proclamé tous les pères de l'Eglise : Ambroise, Bernard, Augustin, Léon, etc... Comment aurait-elle été ouverte celle qui a dit « non ! » à la génération charnelle, et qui a dit « oui ! » à la génération virginale ? Marie transcende, Marie exulte en cette nuit de pleine joie, de pleine réussite, qui chasse à jamais la ténèbre du monde. Enfin se réalise la vocation de la femme : vierge, épouse et mère, tout à la fois ! Enfin Dieu se réjouit et se repose dans ses oeuvres, car il est là présent dans cet enfantement, et cette mangeoire ! Lui même atteste, lui-même approuve cette parturition. Qui dit mieux ? La démonstration est faite par le Verbe de Dieu lui-même ! par l'incarnation du Verbe ! Oui, toute femme est appelée à enfanter semblablement, dans le respect de sa virginité. Nulle autre n'enfantera le Verbe de Dieu, certes, mais les frères et soeurs de Jésus-Christ ! (Rom.8/29) Dieu vient d'extirper en notre nature humaine la voie peccamineuse du bien et du mal, par sa génération sainte. Le retour au Paradis terrestre est désormais possible, où Dieu vit, au soir de son ouvrage, que *« tout était très bon »*.

Joseph et Marie se sont installés dans une « étable » que le mot grec « fatnè » désigne aussi bien que « mangeoire ». Prêt à la consommation ce petit Jésus : ce « pain de vie » ! La crèche de Noël : tradition illustrée par saint François d'Assise ! On ne s'en lasse pas. Chaque année on la reconstruit fidèlement : il ni manque, ni ange, ni pastoureau. Oui, il demeure vivace, indélébile, le souvenir de ce prodigieux événement. Même les païens le fêtent, illuminant leurs maisons, décorant leurs cités, et habillant l'un d'eux en « Père Noël » ! Car Dieu fut « Père » à Noël. Grâce et nouveauté ! Douce nuit, sainte nuit, où Dieu offre le plus beau des cadeaux du monde : son Fils, son Fils Monogène, l'un des Trois. Joseph sera le témoin unique de cet enfantement divin : récompense de sa foi ! Auprès de cet enfant : un couple, toute la perfection de la création du Père. Une adoration exacte en Esprit et en Vérité. Oui, il devait être vécu à trois ce grand mystère.

**2/8 -** *« Il y avait des bergers dans cette même région qui restaient dans les champs, veillant durant la nuit sur leurs troupeaux. Un ange du Seigneur se tint au-dessus d'eux, et la gloire du Seigneur les enveloppa de sa clarté, et ils furent saisis d'une grande crainte. Et l'Ange leur dit : « Ne craignez pas ! Voici que je vous annonce une grande nouvelle qui sera pour tout le peuple : aujourd'hui un Sauveur est né pour vous, qui est le Christ Seigneur, dans la ville de David. Et ceci sera pour vous un signe : vous trouverez un nouveau-né enveloppé de langes, et couché dans une mangeoire ». Et aussitôt il y eut avec l'Ange une multitude de l'armée céleste louant Dieu, et disant : « Gloire à Dieu au plus haut des cieux et sur la terre paix aux hommes de la complaisance ».*

Depuis le temps qu'ils attendent ce jour, les bons anges ! Quatre mille ans ! Depuis la séduction d'Eve par Lucifer, l'ange rebelle, ils aspiraient à leur revanche. Et quelle revanche, puisque Dieu lui-même est là ! Aussi, après avoir assisté du haut du ciel à l'enfantement du Christ, chacun retenant son souffle en ce sublime instant, adorant le Seigneur-enfant, les voici qui laissent libre cours à leur allégresse. Aucun retard ! Ils seront les premiers messagers de l'Evangile au peuple juif.

Qui veille en cette nuit radieuse ? - Quelques bergers sur leurs troupeaux, non loin de Bethléem. Réveiller le grand prêtre ? Peut-être le fut-il, mais alors, il n'a pas bougé. C'est à ces humbles pastoureaux qu'est proclamée la *« grande nouvelle »*. Les voici enveloppés de clarté céleste, comme sainte Marie lors de son enfantement, associés, par grâce, à la naissance virginale du Christ. La crainte les saisit : ils ne sont pas coutumiers des réalités célestes ; ils n'ont pas la foi de saint Joseph !

« *Ne craignez pas* » leur dit l'Ange aussitôt. Craindre, alors que le Sauveur est là, à deux pas ?... Craindre alors que s'achève le temps de l'errance et de la perdition ? Craindre alors que les sentences sont levées par cette sainte nativité ? – Ah... certes non !

Ces bergers sont juifs, unis dans la même espérance : « Oui, il viendra le Messie ! (Dan. 9/25, Ps. 2/2, 131), nous en sommes certains ! ». « *Je l'ai trouvé !* » s'écriera plus tard André, le frère de Simon Pierre (Jn. 1/41). Même la samaritaine croyait : « *Je sais que le Messie - celui qu'on nomme Christ - doit venir... il nous expliquera tout !* » [42] (Jn.4/25) Réponse de Jésus : « *Je le suis, moi qui te parle.* » En annonçant aux bergers : « *Un Sauveur vous est né qui est le Christ Seigneur, dans la ville de David* », l'ange messager identifie clairement le Nouveau-né. « C'est lui ! C'est le grand prophète ! (Dt. 18/18) Plus grand que Moïse ! Le Sauveur et le roi d'Israël ! (2 Sam22/3, Jn 12/13. ) Le fils de David est né ! » (Ps. 109) « *Hosanna au fils de David* » (Mt.21/9) : les bergers comprennent. Le plus grand événement de tous les temps est advenu, celui qu'ils attendent ! Une fois le message transmis, voici qu'une multitude de l'Armée céleste – tous les bons anges réunis – entonne en chœur l'hymne de la victoire : « *Gloire à Dieu au plus haut des cieux, et sur la terre paix aux hommes de la complaisance...* » [43]

« *Dans cette nativité singulière, rien ne passa de la convoitise de la chair, rien ne demeura de la loi du péché* » s'émerveille saint Léon dans une homélie demeurée célèbre [44]. Dieu a fait éclater la puissance de sa paternité. « *La Vierge est enceinte d'un germe sacré... celle qui sera bientôt mère de Dieu n'a rien à craindre pour sa virginité* ». (id.) La génération véritable est révélée ; Dieu le Fils épouse la nature humaine : la vraie ! Dieu le Saint Esprit a rendu possible cette union de l'humain au divin. Merveille ! Le Dieu fait homme divinise l'humanité ! Promotion inouïe !

---

[42] - Le mot Messie hébreu signifie Christ = oint, consacré.
[43] - complaisance : c'est exactement le mot grec « eu-dokia ». « eu-dokéô » = se complaire
[44] - Elle est lue aux matines de Noël chaque année.

L'Evangile de l'enfance -

Désormais, la créature peut appeler Dieu : « Père ! », « Notre Père !... » La voici introduite, avec le Christ, dans la Trinité bienheureuse. Les anges se réjouissent : ils mesurent la sublimité de l'instant. Elle est rétablie la génération digne de l'homme, digne de la femme surtout. Elle est réalisée !

*« Paix aux hommes de la complaisance »*. Oui, la paix véritable est désormais possible, car la tête de l'ennemi est écrasée. Un homme, une femme, ont arrêté net son dessein meurtrier, en laissant à Dieu la paternité. Oui, Dieu met en Joseph et Marie toutes ses complaisances. Là dans ce saint foyer, dans cette « maison », il a trouvé son repos. « Le ciel est mon trône, et la terre est le marchepied de mes pieds, dit le Seigneur ; quelle maison me bâtirez-vous, et quel sera le lieu de mon repos ? (Is. 66/1 repris par Actes 7/49) [45]

*« Il y a dans le Paradis cinq arbres qui ne bougent ni été ni hiver, et leurs feuilles ne fanent pas ; celui qui les connaîtra ne goûtera pas la mort »* ! (Logion 19 de l'évangile de saint Thomas) Quels sont-ils ces cinq arbres, sinon la Sainte Famille unie à la Trinité Sainte ? sinon le couple humain unie à son Créateur ? Le foyer de Joseph nous a donné le Sauveur, sûr qu'il a obtenu le salut : la vie impérissable. Entrons, demeurons dans la maison de Joseph si nous voulons recevoir la complaisance du Père, et en récompense, la paix et la vie.

**2/15** – *« Quand les anges s'éloignèrent d'eux vers le ciel, les bergers se dirent entre eux : « Traversons jusqu'à Bethléem et voyons cet événement (cette parole) qui est arrivé et que le Seigneur nous a fait connaître. » Et ils vinrent avec empressement, et ils trouvèrent Marie et Joseph et le nouveau-né couché dans la crèche ».*

Les Anges avaient donné un signe : *« Vous trouverez un nouveau-né couché dans une crèche »*. Ils le trouvent en effet, sans hésitation, semble-t-il. Qu'est-ce qui les guide ? L'étoile ? La lumière toute céleste qui émane de l'étable ? L'extase de Marie et de l'Enfant Jésus rayonne jusque vers les astres dans la nuit profonde. Peut-être,

---
[45] - autres références concernant le repos de Dieu : Ps. 95/11, 132/8, 14 ; Hb. ch.3 et 4.

déjà, quelques villageois ont perçu le prodige... Les bergers sont venus « avec empressement » : ont-ils laissé leurs troupeaux sur place, à la garde de l'un des leurs - quitte à se relayer par la suite ?...

Oui ! c'est vrai ! Le voici sous leurs yeux ce petit garçon, le « Sauveur », le « Christ Seigneur ». Moments ineffables ! Comme nous voudrions être avec eux ! ses petites mains, ses yeux, son adorable bouche, ses boucles brunes... son sourire, oui, car son enfantement fut heureux et joyeux. « Voici le fils de l'homme ! », conçu sans péché, enfanté sans douleur, selon le dessein du Père : Joseph peut le dire, comme Pilate le dira plus tard : *« Voici l'Homme ! »*. « Voici le Fils de Dieu ! » peut ajouter Marie, « voici le Monogène ! », « voici l'Emmanuel ! ». Nos pastoureaux considèrent l'enfant avec vénération et reconnaissance : c'est le Messie d'Israël, enfin ! Ils regardent Marie sa mère, avec étonnement, toute auréolée de lumière, rayonnante, « pleine de grâce ». Ils regardent Joseph : son visage paisible, son regard tendre et aimant... *« Paix aux hommes de la complaisance »*. Nouveauté dans le domaine de la génération : c'est l'évidence ! « On n'a jamais rien vu de tel ! » se disent les bergers. Même les troupeaux – quelques agneaux... – en sont « tout chose »... *« Bêtes et bestiaux, bénissez le Seigneur »* (Ct. XIII de Daniel). Attitude de vénération et d'adoration. Et pourquoi pas le boeuf et l'âne ?...

**2/17**- *« Ayant vu, ils firent connaître ce qui leur avait été dit au sujet de cet enfant. Et tous ceux qui les écoutèrent furent émerveillés des paroles des bergers ».*

« C'est lui ! c'est le Christ Sauveur ! ». Elle est vraie l'annonce angélique : l'enfant ils l'ont trouvé, *« enveloppé de langes »*, *« couché dans une mangeoire »* ! Ils ont vu la gloire de cet enfantement. Dès lors, ils racontent, et par le moindre détail, la raison de leur venue nocturne. *« Ils firent connaître »* : dans certains manuscrits, le verbe porte le préfixe « dia », que l'on peut traduire ainsi : *« Ils firent connaître à l'entour »*. Cette traduction justifie le pluriel qui suit : *« Et tous ceux qui les écoutèrent furent émerveillés ».* Il semble que dans la nuit de la Nativité - et le jour de Noël – Bethléem et la campagne environnante se racontent la merveille. Les bergers n'ont nulle envie de repartir : le jour de la nativité - le premier - ils l'ont fêté avec les habitants du pays – quelques-uns...

*« Tous furent émerveillés de leurs paroles »* : l'évangile gagne peu à peu les coeurs et les esprits de ces ruraux, instruits de Moïse et des Prophètes. Ils l'attendaient ce jour ! jour de la grande délivrance ! Le pays est sous administration romaine, relayée par Hérode l'édomite. Se trouve à Bethléem un poste de fonctionnaires de l'empire, en mission pour assurer *« le recensement de toute la terre habitée, ordonné par César Auguste ».* Ces hommes ont-ils eu vent, en cette nuit et ce jour, de l'étonnante nativité ? La rumeur s'est propagée. Pour eux : « Une affaire de juifs ! » C'est oublier l'identité du nouveau-né : le Sauveur du monde ! Plaise à Dieu d'accorder sa grâce et d'ouvrir les coeurs, même des romains ! « Ils disent que c'est le fils du roi David ! l'héritier du trône ! » - « Un roi qui naît dans une étable !... Allons, allons, ce n'est pas sérieux ! » Et, de fait, même pour les Juifs, le Messie doit venir en gloire ! en conquérant ! « Ce n'est pas lui ! » Aussi, dès le premier jour, la population se divise : les « pour » et les « contre ». Les « contre » ne sont pas venus à l'étable... ou bien alors, ils sont repartis transformés.

Il est insistant le témoignage des bergers, n'en doutons pas ! Le Messie est né « chez eux », dans leur cadre de vie quotidienne ; c'est « leur Sauveur » ! A ces pastoureaux, et non au grand prêtre ou au Sanhédrin, l'honneur de le faire connaître. Renversement des valeurs. Car Dieu ne regarde pas au personnage.

Déjà, pointe le museau rosé de l'Agneau de Dieu... Le Sauveur ne sera pas le grand-prêtre, mais l'Agneau que le grand prêtre immole !

**2/19** – « *Quant à Marie, elle conservait toutes ces choses (paroles) et les méditait dans son coeur.* »

L'information vient de Marie elle-même, interrogée par Luc. Nous avons ici la « signature » de leur entrevue, si je puis dire, que nous retrouverons à la fin de ce même chapitre, lors du recouvrement au temple (v. 51). La mère de Jésus a raconté à l'évangéliste ce qui était indispensable à notre salut. Marie conserve intact, aujourd'hui encore, le souvenir de cet événement. Sa mémoire fidèle a gardé les « paroles » qui furent alors dites, mais non seulement les paroles : les faits et gestes. Le mot « rèmata » peut avoir un sens large, comme on le voit en 2/15, comme il faut aussi l'interpréter en 2/50 – nous le verrons. Ces « choses », elle nous les racontera un jour ! Elle, la première, admire l'oeuvre de Dieu, non seulement dans l'enfantement de son fils, mais aussi dans la divulgation de la Bonne Nouvelle. Avec saint Joseph, elle pouvait se demander : « Comment le message va-t-il passer en Israël ? Quelles seront les voies de Dieu pour qu'advienne la connaissance du Salut ? pour que soit reconnu le Sauveur ? » ... Dans l'immédiat, quelques pastoureaux, bientôt quelques mages... Discrétion volontaire, car il n'est encore qu'un enfant le Maître du monde. Son *« heure n'est pas encore venue »*. Y eut-il d'autres invités à la Crèche, qui, tels « les invités aux noces » (Mt.22/3), ont décliné l'invitation ? Regret éternel ! Joseph et Marie ont-ils gardé secrètes certaines visites ?... Depuis deux mille ans, ils enregistrent tout. Cette histoire - leur histoire - à rebondissements, n'a pas encore vu son dénouement, ni en Israël ni même en terre chrétiennes bien affadies aujourd'hui. Ils *« conservent toutes ces choses »* en vue du triomphe de leur fils sur la terre comme au ciel. « Quand viendra-t-il le Royaume ? Quand « Nazareth » sera-t-il reconstruit ? »

**2/20** – « *Et les bergers s'en retournèrent glorifiant et louant Dieu sur tout ce qu'ils avaient vu et entendu, tout comme il leur avait été dit.* »
Ils débordent de joie, les bergers, non seulement parce qu'ils ont vu et entendu, mais parce qu'ils en ont porté témoignage. Leurs lèvres ont annoncé le salut et leur coeur

est comblé. « *La foi du coeur obtient la justice, mais la confession des lèvres procure le salut.* » (Rom.10/10) Aussi leur louange et leur action de grâce s'exhalent pour Dieu sans réserve.

Je pense qu'ils ont repris la route au soir de Noël. Leurs troupeaux les attendaient... Quant à la sainte Famille, dès ce jour-là, Joseph a trouvé pour elle une maison - il avait peut-être des parents à Bethléem, la ville de son aïeul... Et, de fait, lorsque les Mages arriveront, ils entreront dans une « maison » (Mt. 2/11).

Ils s'en retournent ces pastoureaux avec leur « grand message », leur « excellence nouvelle ». Jusqu'où s'est-elle répandue sous leurs pas ? et sous les pas de leurs auditeurs ? En Judée, on a su très vite ! Les Mages ne feront que réveiller cette belle rumeur : *« Où est-il né le roi des Juifs ? »* Continuité... Que sont-ils devenus ces premiers témoins ? Ont-ils reconnu l'enfant de la crèche sous les traits de Jésus de Nazareth, trente ans plus tard ? J'aime à le penser.

**2/21** – « *Et lorsque furent accomplis les huit jours pour sa circoncision, alors il fut appelé de son nom, Jésus, nom donné par l'Ange avant qu'il soit conçu dans le sein* ».

Avant de l'inscrire sur les registres romains, Joseph attendit que l'enfant soit « déclaré » en Israël. Normal ! Le rite de la circoncision remplissait cet office ; il avait lieu huit jours après la naissance, selon la prescription de Moïse (Lev. 12/3). Jésus, comme tous les petits hébreux, dut le subir, et ses parents n'y firent pas obstacle. Pourquoi ? - Parce qu'ils en avaient compris le sens profond, plus que tout juif ! plus que le grand prêtre ! Avant d'être donnée à Moïse, et insérée rituellement dans la Loi, la circoncision fut donnée à notre père Abraham, « *comme sceau de la justice de sa foi* » (Rom. 4/11), cette foi qu'il eût avant d'être circoncis, foi en la promesse de Dieu : « *Moi, Yahvé, je te donnerai un fils* ». (Gen.17/16) « *Abraham crut en Dieu, et cela lui fut compté comme justice »* (Gen.15/6). S'il est un homme qui a la foi d'Abraham, c'est saint Joseph ! Il accepte bien volontiers de faire circoncire le Verbe de Dieu, et Dieu lui-même accepte de se soumettre à cette loi, sa propre loi. Logique ! Le Fils reconnaît Dieu comme Père en ce rite, comme autrefois Abraham, comme aujourd'hui Joseph.

Il coule le sang de Dieu, du Dieu fait chair ! Sous le couperet du prêtre, l'enfant pleure ! Premières larmes : Marie frémit. La faute d'Adam est-elle si grave qu'elle doive être expiée par le sang ? Et si Adam n'avait pas péché, Dieu aurait-il institué ce rite ? *« Comme sceau de la justice de la foi »* ? afin de marquer dans la chair humaine le renoncement à la voie charnelle ?... En effet, que choisir : l'ablation du prépuce, ou la rupture de l'hymen ? Ne pourrait-on conserver l'un et l'autre, direz-vous ? Remonte à mon esprit ce logion de saint Thomas : *« Ses disciples lui dirent : « La circoncision est-elle utile ou non ? Il leur a dit : « Si elle était utile, leurs pères les engendreraient de leur mère tout circoncis. Mais la circoncision véritable dans l'esprit donne tout le profit. »* (Log. 58). Nous rejoignons saint Paul : *« La circoncision n'est rien, ni l'incirconcision, ce qui compte c'est la foi opérant par l'amour. »* (Gal. 5/6). Conclusion évidente : seule la virginité est utile ! Joseph ni Jésus n'étaient tenus à la circoncision ; ils l'ont reçue par solidarité avec leur peuple.

Jésus est circoncis et c'est au cours de cette « cérémonie » qu'il reçoit son nom : *« Tu lui donneras le nom de Jésus »*, avait ordonné l'Ange à Joseph, confirmant ainsi sa paternité sur l'enfant de Marie - car il revenait au père de donner un nom à son enfant. Saint Joseph est père, « selon l'Esprit », de la paternité digne de l'homme. Jésus verse son sang, et c'est à ce moment précis qu'il reçoit son nom : « Sauveur ». Douloureux présage !... Marie éprouve-t-elle un pressentiment, Joseph une crainte ?... L'a-t-elle gardé, Marie, ce petit prépuce ? Oui, certainement : c'est la chair du Verbe de Dieu ! Il fut vénéré comme tel dans l'Eglise.

**2/22** – « *Et lorsque furent accomplis les jours de leur purification, selon la loi de Moïse, ils le portèrent à Jérusalem pour le présenter au Seigneur, tout comme il est écrit dans la loi du Seigneur : tout mâle ayant ouvert le sein maternel sera déclaré saint pour le Seigneur : et pour offrir un sacrifice, comme il est écrit dans la loi du Seigneur : une paire de tourterelles ou deux petites colombes.* »

Redondance de l'Evangéliste : « selon la loi de Moïse », « comme il est écrit dans la loi du Seigneur » (deux fois). Rappelons que saint Luc écrit pour les Grecs qui n'ont pas reçu la Loi ni son exigence. La Sainte Famille accomplit un rituel juif, ancré dans le peuple élu depuis quatorze siècles ! Elle est sévère cette loi : « Tu offriras un sacrifice sanglant à l'avènement de tes fils et de tes filles... Dieu se réserve ton premier-né mâle... » (Lev. 12) Qu'est-ce à dire, sinon que la génération humaine, telle qu'elle se pratique, est étrangère à Dieu et à sa paternité ? Un rachat est nécessaire, pour que l'enfant soit « adopté » par Dieu. Ce n'est pas encore le baptême, certes, mais une approche de cet étonnant sacrement qui donne la filiation divine.

Et ce rachat, Dieu exige qu'il soit sanglant. Pourquoi cela ? Dieu se complairait-il dans l'effusion du sang, lui le Dieu d'amour et de paix, lui le Dieu trinitaire ? « *Je hais vos sacrifices, dit Yahvé... Le sang de vos taureaux et de vos boucs me répugne, leur fumée m'est en horreur* » (Is. 1/11-16). Alors pourquoi a-t-il imposé ce rite ? Réponse : pour expier le péché : le péché de génération. Ne pouvait-il instaurer un sacrifice non sanglant ? Impossible ! Pourquoi cela impossible ? Parce que le sang a coulé : celui de la femme ouverte, celui de l'enfantement... avec le sang versé, la mort est entrée dans le monde. Comme il est vrai le tableau de ce peintre qui représente une femme enfantant sur un cercueil ouvert ! « *O vous, Adam et Eve, s'écrie saint Bernard, vous avez perdu tous les hommes en étant leurs géniteurs, chose infiniment triste : vous avez été plus meurtriers que parents.* » [46] Cinglant,

---

[46] - Homélie des matines du 11 février, en la fête de Notre Dame de Lourdes, où Marie a dit : « Je suis l'Immaculée Conception ».

mais réaliste constat ! La mort, nous l'avons dans la peau, nous qui sommes nés de la chair et du sang, et de la seule volonté de l'homme. Comment s'affranchir de sa fatalité ? Comment retrouver grâce aux yeux de Dieu ?

Lui-même a imaginé un moyen de substitution : faire retomber sur l'animal, naturellement mortel, ce fléau fatal ; libérer l'homme esclave par l'oblation de l'animal. *« Voici l'agneau de Dieu qui enlève les péchés du monde »*, s'écriait Jean-Baptiste. Jésus ne fera pas autre chose, s'offrant lui-même, librement, volontairement, pour le rachat de tous. Voilà pourquoi, l'homme qui verse le sang – celui de son épouse – doit offrir *« un agneau, ou deux petites colombes »* en sacrifice expiatoire : il la voit la mort qu'il a provoquée ! Il a sous les yeux la faute qu'il a commise ! La sentence fond sur cet animal pour protéger son fils. Miséricorde de Dieu ! Loi, à l'évidence, pédagogique. Comprendrons-nous enfin le sens de la virginité sacrée ! Qu'à Dieu seul appartient la paternité !

*« Tu es pour moi un époux de sang »* disait Séphora à Moïse (Ex.4/25). Exact.

Un homme a compris : saint Joseph. Enfin un ! Son fils est né en consacrant l'intégrité de sa mère. Joseph a « dépassé » la loi qui régente la voie charnelle. Alors, direz-vous, pourquoi accepte-t-il encore son joug ? Marie et son fils sont purs de souillure puisque la gloire a baigné cet enfantement. Oui, mais *« il est venu sous la loi, pour gagner ceux qui étaient sous la loi »* répond saint Ambroise. Solidaire du peuple élu. Et les deux petites colombes : elles vont quand même mourir ! elles vont donner leur vie pour le Rédempteur ! Racheter le Rédempteur ? Oui ! il voulut être racheté, comme l'un de nous : il est allé jusque-là dans son abaissement. *« Lui, de condition divine, ne retint pas jalousement le rang qui l'égalait à Dieu ; mais il s'anéantit lui-même, prenant la condition de l'esclave en devenant semblable aux hommes »* (Phil. 2/6-7). Il n'est pas racheté pour son péché, mais pour le nôtre. Déjà, dans son vagissement de bébé, il endosse le péché du monde. Miséricorde !

Joseph a offert deux colombes, et non pas un agneau : le temps du sacrifice de l'Agneau véritable n'est pas encore venu... Le Rédempteur est ici racheté, et le racheté se donnera en rachat pour la multitude : Agneau immolé ! *« Il s'est fait obéissant jusqu'à la mort, et jusqu'à la mort en croix »*, s'émeut saint Paul (Phil. 2/8), afin de nous laver du péché par son immolation. Bonté, amour ineffable de notre Sauveur !

Quand eut lieu cette « purification » au Temple de Jérusalem ? Quarante jours après la naissance, selon la loi de Moïse, soit le 2 février. La Sainte Famille est restée à Bethléem, ville proche de Jérusalem, durant ce laps de temps. En fait, Joseph avait résolu de s'y installer ; lorsqu'il apprit, à son retour d'Egypte, qu'Archélaüs, le fils d'Hérode, régnait en Judée, aussi dangereux que son père, il prit résolument le chemin de Nazareth, sur l'invitation du ciel (Mt.2/22-23). Pour l'heure, il réside dans la petite cité de David... Les Mages n'arriveront qu'après le 2 février, en ce mois juif « d'Adar ». S'ils étaient arrivés plus tôt – le 6 janvier par exemple - Joseph n'aurait pas couru le risque d'un voyage à Jérusalem après leur venue, par crainte de la jalousie d'Hérode. Autant se précipiter dans la gueule du loup !

Huit kilomètres séparent la petite ville du Temple de Yahvé. En une demi-journée de marche, la Sainte Famille s'y rend. Première entrée du Messie, dans SA ville. Qui est là pour l'accueillir ? Quel prêtre le reconnaît ? Joseph et Marie présentent le fruit de leur foi, la perle de leur amour ! Il incarne, ce nouveau-né, toute l'espérance d'Israël : n'est-il pas le don du Père à son peuple ? Il arrive dans SON temple, offert par un couple. Que va faire le prêtre de service ? Va-t-il, comme le vieillard Siméon, comme la prophétesse Anne, s'émouvoir, réagir ?... Joseph et Marie en ont le secret espoir. Cependant... rien ne bouge... le temple est vide, ou presque... le grand prêtre absent. Il a raté le Jour de sa vie ! Un serrement de coeur étreint le père et la mère de l'enfant. Le prêtre a « balancé » l'oblation, comme d'habitude, il a saigné les petites colombes, comme d'habitude. A-t-il levé les yeux sur « l'Enfant-Dieu » ? Sur Marie ? « Elle est belle ! troublante... » Peut-être, a-t-il décelé un certain mystère... La graine jetée dans son coeur a-t-elle un jour germé, ou bien fut-elle recouverte bien vite par les ronces et les épines ?...

**2/25** – *« Or voici : il y avait à Jérusalem un homme du nom de Siméon, homme juste et pieux, qui attendait la consolation d'Israël et l'Esprit Saint était sur lui. Il avait reçu un oracle de l'Esprit Saint qu'il ne verrait pas la mort avant d'avoir vu le Christ du Seigneur. Alors il vint dans le temple (conduit) par l'Esprit. Et au moment où les parents de l'Enfant Jésus l'amenaient, pour faire ce que prescrivait la Loi à son sujet, il le prit dans ses bras. »*

Arrêtons ici le récit pour nous pencher avec attention sur ce vieillard. Que savons-nous de lui ? Ce que nous en dit l'Evangéliste : c'est un homme *« juste et pieux »*, juste selon la Loi, comme l'était Zacharie ; plus que lui, sans doute, puisque *« l'Esprit Saint était sur lui »*. Et pieux : *« Tout ce que vous demanderez dans la prière, cela vous sera accordé. »* (Marc 11/24). Que demandait-il Siméon dans sa prière ? - La venue du Messie ! du Libérateur ! du Sauveur ! Depuis des années, il répétait : « Viens, Seigneur Jésus (= Sauveur) », comme saint Jean au terme de son Apocalypse - dernier livre du Nouveau Testament : *« Viens, Seigneur Jésus ! »*. Toujours la même prière : celle de l'Esprit Saint. Car il soupire l'Esprit, comme la création toute entière, après l'avènement des fils et des filles de Dieu (Rom.8/19).

*« A ceci reconnaissez l'Esprit de Dieu,* exhorte saint Jean : *tout esprit qui confesse Jésus-Christ venu dans la chair est de Dieu ; et tout esprit qui ne confesse pas Jésus venu dans la chair n'est pas de Dieu : c'est l'esprit de l'Antéchrist »* (I Jn 4/2-3). Pour faire bref : « Tout esprit qui confesse l'INCARNATION est de Dieu, tout esprit qui ne confesse pas l'INCARNATION n'est pas de Dieu. » Car *« le Verbe est Dieu, et le Verbe s'est fait chair ! »* (Jn. 1/1, 14) Oui, c'est bien l'Esprit Saint qui anime Siméon, puisqu'à l'arrivée de l'Enfant, il bondit. Et comme il lui a été révélé *« qu'il ne verrait pas la mort avant d'avoir vu le Christ du Seigneur »*, il n'éprouve

pas d'hésitation à la vue de ce couple portant sur ses bras *« le christ du Seigneur »*. Il le « reconnaît ». Avait-il rencontré, par le passé, la jeune Marie, venue en service au Temple ? - les filles d'Israël servaient, par tranche d'âge, dans le Lieu Saint. Lui avait-elle confié sa foi, son espérance ? Si oui, les regards se retrouvent, les voix se reconnaissent, et l'enfant témoigne de l'accomplissement de la Promesse. Nous voudrions savoir cela. Marie en a-t-elle gardé le secret dans son coeur ? Si non, alors il fut puissant le souffle de l'Esprit, pour que Siméon identifie à coup sûr, sans aucun faste extérieur, le *« Christ du Seigneur »*.

« Siméon » : ce nom signifie « celui qui écoute ». « *Schema Israël* » : « *Ecoute Israël, le Seigneur notre Dieu est le seul Seigneur. Tu aimeras le Seigneur ton Dieu de tout ton coeur, de toute ton âme et de toute ta force ». (*Dt. 6/4-5) : c'est la prière la plus chère au coeur du peuple élu. Il a aimé le Seigneur son Dieu, Siméon ; il en est aimé en retour, et c'est pourquoi l'Esprit-Saint - l'Esprit d'amour - est sur lui. Sa « foi » est celle *« qui opère par l'amour »*, comme dit Saint Paul (Gal. 5/6) . Remarquez qu'il attend plus la « consolation » d'Israël (2/25) que sa « libération ». Comme un père console son fils, comme une mère réconforte son enfant. O merveille ! Le Consolateur s'est fait enfant ! Siméon le sait. Voyez comme son âme est adaptée au désir divin ! comme son coeur comprend le coeur de Dieu !

D'un grand Cavalier, fût-il glorieux, il n'en a nul besoin ! D'une cérémonie pompeuse, fût-elle royale, il s'en moque ! Ce petit enfant lui suffit - fût-il nu sur la paille. *« Le Verbe s'est fait chair ! »* La chair humaine divinisée : que désirer de plus ? Telle est, pour lui, la confidence de l'Esprit. Alors il le prend dans ses bras ce « Jésus », des bras de Marie ou de Joseph. Voici qu'il tient contre sa poitrine la Vie du monde ! Le Salut du monde ! Trésor plus précieux que l'or, plus précieux que tous les Temples du monde ! Par cet enfant qui lui sourit, qui le bénit de ses petites mains, Dieu est là ! *« L'Emmanuel »* promis par Isaïe (7/14). Imaginons, s'il est possible, la joie, l'émotion de cet homme... Il lit dans le regard de Jésus la fin de nos misères, l'arrêt de nos malheurs ; il contemple la Vérité toute entière.

*« Le vieillard portait l'enfant, mais c'est l'enfant qui dirigeait le vieillard »*, s'émerveille saint Augustin. *« C'est un vieillard qui accueille le Christ,* poursuit-il, *car le Christ rencontre un monde vieilli »*. Vieilli par quatre mille ans d'errance hors du Père ! *« Pas même l'enfant qui ne vit sur terre qu'un seul jour n'est pur de souillure »* se désole Léon le Grand. Désastre du péché, qui a brisé l'homme avant de le réduire en poussière ! Mais voici enfin « le fils de Dieu » : l'enfant véritable, qui a Dieu pour père. Le monde est sauvé !

**2/28** – *« Siméon bénit Dieu et dit : « Maintenant, Seigneur, tu peux laisser aller ton serviteur dans la paix, selon ta parole : car mes yeux ont vu ton salut que tu as préparé à la face de tous les peuples, lumière pour la révélation des nations, et gloire de ton peuple Israël. »*

« Tu ne verras pas la mort, Siméon, avant de m'avoir vu ! » Il a tant prié qu'il a obtenu ce qu'il a voulu. *« Homme ce que tu veux te sera donné »* (Eccl.15/17). Puissions-nous prier comme lui ! Puissions-nous hâter le retour glorieux du Christ !

La loi de Moïse ne promet pas l'immortalité, mais une vieillesse heureuse, vigoureuse (Ps.92/15), entourée d'enfants et de petits enfants (Ps. 127/5). Les Juifs, comme les autres hommes, subissent le joug des sentences du chapitre 3 de la Genèse. Siméon a-t-il eu femme et enfants ? En Israël, c'était la norme. Il a vu de loin - et de très près ! - le règne du Grand Roi. *« Règne de vérité, de justice, d'amour, et de paix »* chante la liturgie. En dernier lieu « la paix », possible si « la Vérité » a éclairé les esprits et les coeurs. *« Heureux les artisans de paix : ils seront appelés fils de Dieu »*. Elle ressemble cette paix à l'enfant Jésus ; elle ressemble à Adam et Eve avant la faute : tous deux fils et fille de Dieu, nus devant sa face, nus l'un devant l'autre, sans rougir. Pas de pistolet dans la poche : il n'y avait pas de poche. L'enfant Jésus n'a que son sourire à offrir, ses mains à tendre, et cela suffit. Ils sont sans défense, Joseph et Marie, et cependant, par leur foi, ils ont remporté la victoire sur le redoutable ennemi du genre humain. Le Royaume de paix arrive avec la sainte Famille : Siméon l'a compris. Elle descend sur lui, avec suavité : *« Tu peux laisser aller ton serviteur dans la paix. »*

*« Car mes yeux ont vu ton salut »* : le Sauveur lui-même ! L'Ecriture est accomplie, achevée. Combien de temps encore pour que ce Salut monte à la conscience d'Israël, puis de tous les peuples ?... Siméon jouit du moment présent : il est là, dans ses bras, le Désiré de toutes les nations, plénitude ! Et déjà, l'enfant prêche, oui, il prêche par sa sainte génération, par sa beauté et sa grâce, par son être même, avant d'avoir la parole. Le Salut est tout entier contenu dans son frêle petit corps, tout entier disponible, et ceci bien avant le témoignage douloureux de la croix. Croix qui fut l'oeuvre, ne l'oublions pas, de l'incrédulité des hommes. Ils ont levé la main sur lui ! Ils se sont armés : marteaux et clous, fouets et pierres, contre le plus beau des fils de l'homme ! le Pacifique ! S'ils l'avaient aimé, comme Siméon !... Jésus n'a pu les sauver : ils n'ont pas voulu ! Qu'est-ce que le Salut, sinon le retour à l'Ordre du commencement par la grâce du Christ, à la vie impérissable par son corps eucharistique, par sa parole vivifiante. *« Si vous ne mangez la chair du fils de l'homme, vous n'aurez pas la vie en vous-même ! »*. Il suffisait de croire et de s'asseoir au banquet de Noces ! Croire à la génération sainte de Jésus-Christ ! Recevoir la paternité de Dieu ! *« Celui qui vit et croit en moi ne mourra jamais ! »* (Jn.11/26) Hélas ! *« il est venu chez les siens et les siens ne l'ont pas reçu »* : *« Crucifie-le ! crucifie-le ! »*

Qui donc l'accueillera ?

Siméon est conscient du moment historique qui se déroule sous ses yeux. Le « don du Père » est là, sur son coeur. Jésus est présenté au Temple, et par là au monde. « Voici le Sauveur ! ». Où sont les rois, les princes, les prêtres ? - Personne, si ce n'est l'officiant de service. Sombre présage qui n'échappe nullement au vieil homme, comme nous allons le voir ci-après. Jésus a fait son entrée au Temple fait de main d'homme ; il fit auparavant son entrée dans le temple non fait de main d'homme : l'utérus virginal fermé par le voile, infiniment plus précieux ! Elle, Marie, a reçu le don du Père, avec Joseph son époux. Voici les vrais adorateurs que le Père recherche.

*« Lumière pour la révélation des nations »*. Lorsque Siméon prononce ces mots, les Mages sont en route : prémices des Nations. Ils apportent avec eux l'or de sa royauté, l'encens de sa divinité et la myrrhe de son humanité. Ils l'ont reconnu à l'étoile, selon la prophétie de Balaam : *« Elle avance l'Etoile sortant de Jacob, il s'établit le sceptre sortant d'Israël »* (Nb. 24/17). *« Les cieux même l'ont connu,* s'écrie saint Grégoire, *car aussitôt ils ont envoyé une étoile »*. Et il poursuit : *« La mer l'a connu, puisqu'elle a présenté à ses pieds un terrain ferme pour la marche ; la terre l'a connu, puisqu'au moment de sa mort elle s'est ébranlée : le Soleil l'a connu qui a caché les rayons de sa lumière ; les pierres, les rochers l'ont connu puisqu'à sa mort, les tombeaux se sont ouverts ; l'enfer l'a connu : il a restitué ceux qu'il retenait dans la mort. Et ce même Jésus que les éléments ont reconnu comme leur Maître n'a pu se faire connaître comme Dieu au coeur endurci des Juifs, coeurs plus durs que pierre qui ont refusé de s'ouvrir à la pénitence. »*

L'a-t-il vue briller cette étoile, Siméon ? A-t-il eu écho du témoignage des bergers ? - Ce qui expliquerait plus encore sa présence au Temple, un certain 2 février, jour de la « Purification »... Lorsque Jésus enverra ses apôtres et ses disciples en mission, il accompagnera leur prédication par des « signes » : *« En mon nom vous chasserez les démons, vous parlerez des langues nouvelles, vous prendrez des serpents, et si vous buvez quelque boisson mortelle, cela ne vous fera aucun mal ; vous imposerez les mains aux malades et les malades seront guéris. »* (Mc. 16/17-20). *« Les prophéties sont données aux fidèles,* explique saint Grégoire – *c'est un ange qui apparaît aux bergers – les signes aux infidèles – c'est une étoile qui conduit les Mages à venir l'adorer. »* Les nations n'ont eu ni Moïse ni les prophètes : elles ont besoin de signes pour croire, elles ont besoin d'une « étoile » : *« Lumière pour la révélation des nations ».*

*« Et gloire d'Israël son peuple ».* Comme Jésus le dira à la Samaritaine : *« Le Salut vient des Juifs ».* Gloire pour Israël ! Le Sauveur du monde est né d'une fille de Sion ! le Sauveur du monde est le roi d'Israël ! Fierté légitime. Ils criaient, les enfants, dans le Temple, le jour des Rameaux : *« Hosanna au fils de David ! »* et ses disciples : *« Béni soit celui qui vient au nom du Seigneur ! Hosanna au plus haut des cieux »* (Mt.21/15 et parall.) *« Tu entends ce qu'ils disent ! »* s'indignèrent alors grands prêtres et scribes, *« Fais-les taire ! ».* Réponse de notre Seigneur : *« Si ceux-ci se taisent, les pierres crieront »* (Luc. 19/40), tant elle est criante, éclatante, la Vérité de Jésus Christ ! Regardez les miracles et les prodiges : la tempête apaisée, les pains multipliés, Lazare ressuscité, les sourds, les aveugles, les boiteux, guéris [47]. *« Le Seigneur a visité son peuple »,* se réjouit la foule. Comment résister à l'évidence ? Hélas ! la volonté humaine – ou angélique – reste récalcitrante. Drame est toujours actuel. Deux mille ans de désolante, de crucifiante obstination. Tant de malheurs sur Israël qui pouvaient être évités ! Tant de malheurs sur les nations, rebelles et infidèles ! Quand résonnera-t-il à nouveau ce cri : *« Hosanna au fils de David ! Béni soit celui qui vient au nom du Seigneur ! »* ? Elle viendra la repentance, aussi sûr que le soleil chasse chaque matin la ténèbre. Le peuple incrédule *« lèvera les yeux vers Celui qu'il a transpercé, il pleurera sur lui comme on pleure sur un fils unique »,* a prophétisé Zacharie (12/10). Alors sera réalisée la parole de Siméon : *« Et gloire de son peuple, Israël »*

---

[47] - Annoncés déjà par Isaïe (35/2-6).

**2/33** – « *Et son père et sa mère étaient dans l'admiration des paroles dites à son sujet* ». « *Thaumadzô* » : c'est bien « l'admiration » que veut exprimer le verbe grec, plus que l'étonnement. Joseph et Marie s'émerveillent de la perspicacité de ce vieillard qui a tout compris par la confidence de l'Esprit.

**2/34** - « *Et Siméon les bénit et dit à Marie sa mère :* « *Voici qu'il est placé pour la chute et le relèvement de beaucoup en Israël, et pour être un signe de contradiction – et toi-même ton âme sera transpercée d'un glaive – de sorte que seront révélées les pensées d'un grand nombre de coeurs* ».

La croix : sans la nommer, Siméon la voit. Les parvis sont vides, les grands prêtres murés dans leurs habitudes, rivés à Moïse, liés à leurs traditions. « *Par votre tradition, vous avez anéanti le commandement de Dieu.* » (Mc. 7/9 ; Mt. 15/3, 6). Comment entendront-ils la voix claire et limpide d'un jeune enfant, d'un jeune homme - eût-il trente ans d'âge ? Le fils du charpentier n'a pour lui que sa relation au Père : maigre « diplôme » au regard de ces doctes en Israël. « *Le Père et moi, nous sommes un* ». « *Blasphème ! étant homme, tu te fais Dieu !* » *Ils prirent alors des pierres pour le lapider.* (Jn. 10/30-33). Qui a pensé à interroger son père et sa mère ? Ils étaient là tous deux, au Temple, pour présenter leur fils - puis pour le recouvrer douze ans plus tard : occasions manquées ! « *Ils s'émerveillaient de son intelligence et de ses réponses* ». « *D'où lui vient cette sagesse ?* (Mt. 13/54)... *lui qui n'a pas étudié ?* » (Jn. 7/16). Qui a cherché la réponse à cette question ? Si encore il était fils de rabbi ? Mais : « *De Nazareth, peut-il sortir quelque chose de bon ?* ».

Eh bien oui ! Il peut sortir, de Nazareth, le « *Fils de Dieu* », comme le reconnaîtra Nathanaël. « *Voici un vrai Israélite : sans ruse* », dira Jésus de lui. (Jn.1/48, 50) Et le grand prêtre, sera-t-il sans ruse ? ... Seront-ils sans ruse, scribes et pharisiens ?... « *Malheur à vous, scribes et pharisiens hypocrites....* » (Mt.23/15).

« *Il sera cause de la chute et du relèvement de beaucoup en Israël.* » « *Croyez-vous que je sois venu apporter la paix sur la terre ?* » dit notre Seigneur, « *bien plutôt la division !* » (Luc 12/51). Hélas ! les hommes ne croiront pas à sa parole, à son enseignement, malgré sa victoire sur la mort : son éclatante résurrection ! Aujourd'hui, comme hier, le monde est divisé au sujet de Jésus-Christ, et jusqu'à la persécution de ses disciples ! A commencer par les autorités religieuses d'Israël : « *Regardez ! tout le monde court après lui ! Si nous le laissons faire, tous croiront en lui !* » (Jn.12/19 et 11/48). Elles tinrent donc conseil pour le perdre. Jésus Christ contre le Grand Prêtre, le fils de Dieu contre le sacerdoce en place : le monde à l'envers ! Et Caïphe lancera : « *Il vaut mieux pour nous qu'un seul homme meure pour le peuple, plutôt que la nation entière périsse* » (Jn. 11/50). Ce même Caïphe siègera face à l'accusé : « *Es-tu le fils de Dieu ?* » - « *Tu l'as dit, je le suis* ». En chœur : « *Il mérite la mort !* ». Caïphe déchire sa robe, comme sera déchiré le voile du sanctuaire, comme sera détruit le Lieu Saint : « chute » du sacerdoce lévitique. Mais « relèvement » du peuple, car il meurt effectivement « pour le peuple ». Et, de fait, l'histoire a confirmé la prédiction de Siméon : les Juifs ont subsisté, tant bien que mal, dispersés au milieu des nations, mais leur sacerdoce a péri dans les flammes de l'incendie du Temple, et leur nation a bel et bien disparu. [48]

« *Signe de contradiction* » : Il le fut Jésus-Christ ! à l'instar de Jean Baptiste qui criait à tout venant : « *Race de vipères !... Qui vous a appris à fuir la colère qui vient ?* » (Lc.3/7) Regardez Jésus-Christ : il s'assoit à la table des publicains et des pécheurs, il ne se purifie pas avant de manger, il ne jeûne pas... Le jour du sabbat, il accomplit des actions interdites : arracher des épis de blé, guérir des infirmes... La loi de Moïse, il prétend la parfaire ! De quel droit ? N'est-elle pas divine cette Loi ? Ecoutez-le : « *Vous avez entendu qu'il a été dit... eh bien moi je vous dis : aimez vos ennemis, faites du bien à ceux qui vous haïssent... Heureux les doux, les pacifiques... Si votre justice ne l'emporte pas sur celle des scribes et des pharisiens, vous*

---

[48] - Le retour des Juifs sur leur terre en 1948 est fallacieux, du fait qu'ils n'ont pas reconnu Jésus-Christ.

*n'entrerez pas dans le Royaume des cieux ».* Prétention insensée ! Pour qui se prend-il ? Et encore : *« Malheur à vous les riches, les repus... guides aveugles... vous ressemblez à des sépulcres blanchis, qui purifiez l'extérieur du plat et de la coupe, mais au dedans êtes pleins de rapine !... »* - « Il nous insulte, nous, la postérité d'Abraham ! Il faut le faire taire !... ». *« Si vous étiez les enfants d'Abraham, vous feriez les oeuvres d'Abraham. Or vous cherchez à me faire mourir... Vous faites les oeuvres de votre père ».* – *« Nous ne sommes pas nés de la fornication, nous n'avons qu'un seul père : Dieu »* - *« Si Dieu était votre père, vous m'aimeriez, car c'est de Dieu que je suis issu et que je suis venu... Votre père c'est le Diable, et ce sont les désirs de votre père que vous voulez accomplir... »* (Jn.8)

Le fils de Dieu face aux fils du Diable : voilà bien le signe de contradiction, parfaitement identifié. La génération sainte du Christ face à la génération pécheresse des fils d'Adam. Comment dès lors éviter scandales et contestations ? *« Heureux celui pour lequel je ne suis pas un objet de scandale ! »* (Mt.11/6). Quand la vérité arrive dans ce monde d'erreur, elle provoque inévitablement agitation et séisme, tant au point de vue social que biologique. Siméon, fort de ses années d'expérience, comprend : Il pressent qu'une lutte infernale va se mettre en place contre le fils de Marie. Pauvre petite femme : elle va souffrir ! Il le lui dit. Elle qui était si heureuse de présenter son fils au Temple de Yahvé, le fils Monogène ! Et voici que s'abat sur ses frêles épaules la terrible prédiction du vieil homme, que celle-ci pénètre jusqu'au coeur de Joseph ! L'Esprit Saint a parlé par la bouche du prophète. Pourquoi si tôt, dirons-nous ? - Pour les mettre en garde contre la rage des enfers. *« Le vieux serpent ne dort jamais »* disait Mélanie de la Salette : s'il pouvait éliminer le Fils du Père dès son jeune âge ! Lui fermer définitivement la bouche ! A Joseph et à Marie de veiller sur ce trésor si précieux !

Combien cette menace doit émouvoir saint Joseph ! Son épouse chérie : souffrir ? Elle qui fut si joyeuse dans son enfantement. Son fils : pâtir ? Pensent-ils, l'un et l'autre, à la prophétie d'Isaïe du serviteur souffrant ? Mon Dieu, s'ils la connaissent ! *« Yahvé a fait retomber sur lui l'iniquité qui nous perdait tous... Semblable à l'agneau qu'on mène à la mort, il n'ouvre pas la bouche... Il a été retranché de la terre des vivants... »*. (Is. 53). Siméon s'est ainsi exprimé, non pour les accabler, mais au contraire pour les fortifier. Car on est plus fort contre le danger lorsqu'on en est conscient, on reste sur ses gardes. L'Esprit Saint accomplit envers eux un devoir de vérité, de transparence, qui les rendra perspicaces, et participants à l'oeuvre du Salut. Marie co-rédemptrice, Joseph co-rédempteur, dès la réception de cette prédiction. Oui Marie accepte, comme elle avait accepté l'annonce angélique. Oui, Joseph accepte. Pour notre salut à tous.

*« De sorte que seront révélées les pensées d'un grand nombre de coeurs »*. Quelles sont-elles ces pensées secrètes au fond des coeurs, qui rôdent, et qui, bien souvent, empoisonnent l'existence ? Voyons un peu : *« Pourquoi vivre s'il nous faut mourir ? Absurde ! Vanité des vanités, tout est vanité... »*. Le livre de l'Ecclésiaste exprime ce que l'on tait généralement : *« Quel avantage revient-il à l'homme de toute la peine qu'il se donne sous le soleil ?... Une génération passe, une génération vient... Il n'y a rien de nouveau sous le soleil... Tout est vanité et poursuite du vent... La joie que produit-elle ?... alors que le sage meurt aussi bien que l'insensé !... Quel avantage pour celui qui travaille de la peine qu'il se donne ?... Et j'ai haï la vie (2/17)... Voyez : le sort des enfants des hommes est le même que le sort de la bête : comme l'un meurt, l'autre meurt aussi.... Oui, les morts sont plus heureux que les vivants et plus heureux que les uns et les autres celui qui n'est pas arrivé à l'existence, et qui n'a pas vu les mauvaises actions qui se commettent sous le soleil... Un avorton est plus heureux qu'un homme qui aurait eu cent fils, sans avoir vu le bonheur... Je vous le dis : mieux vaut le jour de la mort que le jour de la naissance... Tel qu'il est sorti du sein de sa mère, tel il s'en retournera, nu comme il était venu... J'ai constaté : il n'y a pas sur la terre d'homme juste qui fasse le bien sans pécher... J'ai trouvé un homme entre mille, mais je n'ai pas trouvé une femme dans le même*

*nombre (!)... Dieu a fait l'homme droit, mais celui-ci cherche beaucoup de détours...* » En conclusion de ce livre : « *Le tout entendu : crains Dieu et observe ses commandements, car c'est le devoir de tout homme. Dieu citera en un jugement portant sur tout ce qui est caché, toute oeuvre, soit bonne, soit mauvaise.* »

L'ecclésiaste exprime toute l'absurdité de la vie humaine sous le joug du péché, en un livre scellé de sept sceaux. Ce sont là les confidences d'un homme, et pas n'importe quel homme : d'un roi en Israël ! Et si nous avions les confidences de son épouse ? ou plus généralement d'une femme ? Qu'ajouterait-elle ? - Ceci : « Pourquoi Dieu m'a-t-il créée vierge, si je dois perdre l'hymen lors du coït ?... Pourquoi l'homme domine-t-il sur moi ?... Pourquoi ces souffrances liées à l'avènement d'un petit d'homme ?... La vie ne peut-elle fleurir sans épines ? Le bien sans le mal ?... Comment échapper à l'opprobre, à la profanation de la chair ?... »

Oui, les voilà bien les pensées secrètes des coeurs ! Avec leurs corollaires : « Quand cessera-t-il ce monde aberrant ?... Quand viendra-t-il le monde nouveau ?... L'innocence originelle est-elle à jamais perdue ? Le retour à l'immortalité impossible ?...

Vous avez remarqué : il porte sept sceaux ce livre de l'Ecclésiaste, comme *« le rouleau, scellé de sept sceaux »* que voit l'apôtre Jean *« dans la droite de celui qui est assis sur le trône »* (Apocalypse 5/1). *« Qui est capable d'ouvrir le livre et d'en rompre les sceaux ? »* s'écrie alors un Ange puissant. *Personne ne fut trouvé digne... Et je vis, poursuit saint Jean, un Agneau debout, comme égorgé, et il reçut le livre de la droite de celui qui était assis sur le trône »*. Jésus : lui seul fut capable de délier l'histoire, de rompre la fatalité du péché et de la mort, de rendre le premier paradis. Pourquoi ? Parce qu'il est lui-même le vivant paradis, par sa génération immaculée ; les oeuvres du Diable, il les jette à la mer par son enfantement virginal ;

et par son témoignage jusqu'au sang, il rend la vie en surabondance. « *Le commandement de mon Père, c'est la vie impérissable* » (Jn.12/50)

Elle avait tout compris, la femme du peuple, lorsqu'elle s'est écriée : « *Heureux le ventre qui t'a porté et les mamelles que tu a tétées !* » - « *Sans aucun doute, répondit Jésus, heureux ceux qui écoutent la parole de Dieu et qui la gardent !* » En clair, Jésus lui dit : « Imite ma mère, imite mon père, et tes fils me seront semblables ! » Ecouter et garder la parole : c'est précisément ce que recommande l'Ecclésiaste au terme de sa sinistre litanie. Inutile de ressasser les maux de ce monde – ces pensées secrètes qui enchaînent et détruisent - lisons les Saintes Ecritures, étudions les Evangiles où brille la Vérité toute entière, où étincelle la merveilleuse Promesse : « *En vérité je vous le dis, celui qui garde ma parole ne verra jamais la mort* » (Jn. 8/51). « *Venez à moi !* disait Jésus, *Je suis la voie, la vérité et la vie* ». « *Il n'y a pas d'autre nom sous le ciel en qui nous puissions être sauvés !* » dit saint Pierre (Act. 4/12). Siméon contemple la Vérité toute entière dans cet enfant Dieu, dans les yeux de sa maman, dans le regard de son père. Il a devant lui le Royaume de Dieu dans sa prime cellule. Quand celle-ci va-t-elle se multiplier ?

**2/36** - « *Et il y avait Anne la prophétesse, fille de Phanuel, de la tribu d'Aser. Elle était avancée en âge, ayant vécu sept ans avec (son) homme, depuis sa virginité, et veuve jusqu'à quatre-vingt quatre ans. Elle ne s'éloignait pas du temple, servant (Dieu) nuit et jour par des jeûnes et des prières. Elle survint à cette heure, et à son tour confessa Dieu et parla de lui (de l'enfant) à tous ceux qui attendaient la délivrance de Jérusalem (ou d'Israël, selon les manuscrits).* »

Un homme seul, une femme seule, en présence d'un époux et d'une épouse. Deux individus face à un couple. Une race vieillie, une race nouvelle. Une veuve, une vierge. Contraste ! Et cependant grande unité de coeur. Anne survient, conduite par l'Esprit. Depuis le temps qu'elle prie, qu'elle jeûne, pour la Rédemption d'Israël ! Toute sa vie, elle a médité, d'abord sur son cas personnel : veuve au bout de sept ans de mariage. La sentence est tombée, inexorable : « *Si tu manges de l'arbre de la connaissance du bien et du mal, tu mourras* ». Se marier à nouveau ? Ah non ! L'erreur, la faute, elle ne veut plus la commettre. La voici solitaire, brisée dans sa vie affective. Elle se réfugie en Dieu, et médite sa Parole, qui resplendit ici sous ses yeux.

Là, en ce jour de la Purification, elle est délivrée celle qui annonce la « délivrance » ! La première ! Finies, envolées les « pensées secrètes de son coeur » ! Le Sauveur est là, devant elle, bien vivant ! Dès lors, à haute voix, « elle confesse Dieu » et « parle de lui ». Elle parle de l'enfant tout en confessant Dieu, c'est-à-dire qu'elle proclame la divinité de cet enfant : le texte indique précisément ce sens. Et de fait : n'est-ce pas Dieu que l'on attend dans son saint temple ? « *Portes, levez vos frontons, élevez-vous portes éternelles, qu'il entre le roi de gloire ! Qui est ce roi de gloire ? - C'est le Seigneur Sabaoth, c'est lui le roi de gloire !* » (Ps. 23) « *celui qu'une vierge enfantera : l'Emmanuel* » (Isaïe). N'est-ce pas l'espérance d'Israël ? Plus qu'une action de grâce – selon les traductions courantes – c'est une proclamation de la divinité de cet enfant que nous entendons de la bouche d'Anne. Elle-même a peut-être rencontré, naguère, la jeune Marie en service au Temple. Elle-même a pu recueillir les témoignages des bergers, voir l'étoile... Son coeur est prêt. Ne manquait que cette divine rencontre.

« Le Messie est là ! » : elle le dit et le redit à tous ceux qui l'attendent, et ils sont nombreux. Elle témoigne, cette femme blanchie par les ans, et que l'on respecte, de l'avènement du Sauveur. Combien sa parole est précieuse ! L'entendront-ils les grands prêtres ?... Elle précède le Baptiste. Premiers instants de conversion.

**2/39** - « *Et quand ils eurent tout accompli selon la loi du Seigneur, ils retournèrent en Galilée dans leur ville de Nazareth* »

Saint Luc saut à pieds joints sur la visite des Mages, qui eut lieu à Bethléem, et sur la fuite en Egypte : ce que l'évangéliste Matthieu a déjà rapporté. En fait, Luc n'a fait que compléter le premier évangile - quant à l'enfance du Christ. La venue des

Mages, avec l'intervention d'Hérode qui massacra les Saints Innocents, puis la fuite de la Sainte Famille, intéressait surtout le peuple juif : « *Où est-il le roi des Juifs qui vient de naître ? »*. Luc écrit pour les grecs qui ne s'embarrassent guère des problèmes politiques d'Israël.

Cependant, revenons sur cet épisode narré par saint Matthieu en son chapitre 2.

ooooooo

## Chapitre 4 - Selon Matthieu, en son second chapitre

**2/1** – « *Or Jésus étant né à Bethléem de Judée, aux jours du roi Hérode, voici que des Mages, depuis l'Orient, arrivèrent à Jérusalem disant : « Où est-il né le roi des Juifs ? Car nous avons vu son étoile en Orient, et nous sommes venus nous prosterner devant lui.* »

Après le rappel de la généalogie de Jésus, et l'annonce angélique faite à saint Joseph [49], Matthieu nous transporte, sans transition, à Bethléem où l'Enfant vient de naître. Il écrit en hébreu (ou araméen), pour la synagogue jusqu'alors indocile et qu'il veut convaincre, selon la demande expresse du Seigneur : « *Qu'en mon nom, le repentir soit proclamé à toutes les nations, à commencer par Jérusalem* ». (Luc. 24/47). La prophétesse Anne a prêché la divinité de l'Enfant à Jérusalem, Jésus a témoigné de sa filiation divine et de sa divinité, à Jérusalem ; Jérusalem a rejeté ce témoignage jusqu'à dresser la Croix pour le « *blasphémateur* » : reste à Matthieu la prédication du repentir, « *à commencer par Jérusalem* ».

A Jérusalem, précisément, arrivent les Mages. Grand émoi dans la ville ! (v. 3). On imagine aussitôt la rumeur : « *Le roi des Juifs est né ! Le Fils de David ! Le Messie d'Israël !... La délivrance est proche, aux portes !... la prophétesse Anne le dit !* » Une traînée de poudre ... Quant à l'étoile, les Juifs comme les Perses, comme les Mèdes, l'ont vue : si elle a brillé en Orient, elle a brillé pour toute la Terre, en raison du mouvement diurne. Pourquoi aurait-elle brillé pour le seul Orient, puisqu'elle annonce l'avènement du « Roi des rois de la terre » ?

Qui sont ces « *Mages* » (mot grec) ? Chez les Perses et les Mèdes, c'étaient des « prêtres », interprètes des songes (et aussi astrologues). [50] La Tradition en a fait des « rois », ce que le texte ne dit pas directement. [51] Que des rois terrestres viennent s'incliner devant le Roi des cieux : heureux présage ! Ils sont riches, pour

---
[49] - Dernier chapitre de cet ouvrage.
[50] - Cf. Hérodote, Xénophon, Macrobe... (références du dictionnaire Bailly).

entreprendre un si long voyage, offrir de si nobles présents. Des « prêtres » : voilà qui cadre tout à fait avec l'encens qu'ils apportent. Par profession, si je puis dire, ils « adorent ». Ils savent interpréter les songes et les signes : à la vue de l'étoile, ils s'émeuvent. « C'est un signe ! » Alors, de quoi s'agit-il ? Ils ont lu dans leurs manuscrits - comprenant le « Saint Livre » d'Israël, largement répandu en Orient depuis la déportation des Juifs à Babylone [52] - ils ont lu la prophétie de Balaam : *« Je le vois, mais non pour maintenant, je l'aperçois, mais non de près : un <u>astre</u> issu de Jacob devient chef, un spectre se lève, issu d'Israël. »* (Nb. 24/17). C'est clair : on attend un roi en Israël, annoncé par une étoile ; il sera *« issu de Jacob »* : en raison de la bénédiction du même patriarche sur son fils Juda, *« Le sceptre ne s'éloignera pas de Juda, ni le bâton de chef d'entre ses pieds, jusqu'à ce qu'arrive le Nouveau-né (=* « Shiloh »*)* [53] *; à lui, les peuples obéiront ».* (Gen. 49/10). Bénédiction prononcée dès la Genèse ! Un « nouveau-né », un fils d'homme... que Daniel l'a vu dans sa célèbre vision : *« Voici, dit-il, <u>venant du ciel</u>, comme un fils d'homme... A lui fut conféré empire, honneur et royaume, et tous les peuples, nations et langues le serviront... »* (Dan. 7/13-14) C'est bien pour cela qu'il est annoncé par une étoile : il vient du ciel ! Ce « nouveau-né », le prophète Isaïe en parle aussi : *« Le peuple qui marchait dans les ténèbres a vu une grande lumière, sur les habitants du sombre pays une lumière a resplendi... car un <u>enfant</u> nous est né, un fils nous a été donné ; il a reçu l'empire sur ses épaules ; on lui donne ce nom : Conseiller merveilleux, Dieu fort, Père éternel, Prince de la paix ; pour étendre l'empire et donner une paix sans fin au trône de David et à sa royauté, pour l'établir et l'affermir dans le droit et la justice, dès maintenant et pour toujours ; le zèle de Yahvé Sabaoth a fait cela. »* (Is. 9/1, 5-6). On lui donne le nom de « Dieu fort » : alors Il mérite l'adoration ! « Allons nous prosterner devant lui, disent les Mages, allons lui offrir des présents ! » : telle est leur réaction saine, naturelle, à l'examen de ces textes qu'ils connaissent, n'en doutons

---

[51] - Cette tradition, très ancienne, a dû passer par Sainte Marie. Elle s'inscrit en fait sur l'annonce prophétique : « Les rois de Tharsis et des îles lui offriront des présents, les rois d'Arabie et de Saba lui apporteront des dons » (Ps.71/10-11) Et Isaïe de même : « Les rois marcheront à la splendeur de ta clarté ». (60/3).
[52] - 6ème siècle avant J.C., déportation faite par Nabuchodonosor.
[53] - Shiloh à la forme masculine, mot que l'on retrouve à la forme féminine, en Dt.28/57.

pas, à la vue de ce signe qui leur parle, qui les confirme. Auraient-ils entrepris un si grand voyage sans être assurés de leur quête ?... Eux, prêtres des nations, viendront adorer, alors que les prêtres de Yahvé ne bougeront pas !...

Revenons au texte de Matthieu :

*« Jésus étant né à Bethléem de Judée, aux jours du roi Hérode... »* : d'Hérode d'Ascalon, dit « Hérode le Grand », désigné par le sénat romain comme roi à la place d'Antigone en 39 av.J.C. [54] Il se rendit maître de Jérusalem à l'automne de l'année 36. [55] Le même historien juif Josèphe nous rapporte qu'Hérode est mort 37 ans après avoir été intronisé par Antoine, et 34 ans après sa prise de Jérusalem, soit en l'an 2 av. J.C. Autre précision de Flavius Josèphe : Hérode est mort entre une éclipse de Lune et la Pâque qui a suivi.

Les astronomes, à commencer par Johannes Kepler (17$^{ème}$ s.) ont recherché quelle pouvait être cette éclipse visible de Jérusalem. Il y en a deux qui retiennent l'attention : celle, partielle, du 13 mars -4, et celle, totale, du 9 janvier -1. [56]

1- L'éclipse du 13 mars -4 (5 av. J.C.) ne peut faire l'affaire [57] ; et à supposer qu'Hérode soit mort en -4 (comme certains le disent), la Pâque juive ayant lieu, cette année-là, le 11 avril (14 Nisan), un seul mois ne suffit pas à ranger tous les événements que Josèphe rapporte dans ce laps de temps :

---

[54] - et non en 40, date confirmée par les emplois du temps respectifs d'Antoine et d'Hérode au lendemain de la bataille de Philippes (42 av.J.C.). Voyez « The chronology of de reign of Herod the Great » de W.E. Filmer.
[55] - et non 37. En effet, l'historien juif Flavius Josèphe (37-100 ap.J.C.) rapporte que l'année où Jérusalem fut assiégée était une année sabbatique, d'où la disette qui persista, même après la victoire ; or cette année tombait en 36, et non en 37.
[56] - Le calendrier des astronomes, dans les années négatives, n'est pas celui des historiens qui eux, omettent l'année 0, et passent directement de l'an 1 avant J.C. à l'an 1 après J.C. Ainsi l'an 0 des astronomes est l'an 1 avant J.C. des historiens, l'an –1 des astronomes (noté avec le signe – ) est l'an 2 av. J.C des historiens (noté sans signe) , etc... Dans les années positives, il n'y a pas de changement. L'an 1 (ou + 1) des astronomes est l'an 1 après J.C. des historiens ; etc...
[57] - Je précise cette question, puisque depuis plus d'un siècle, beaucoup pensent qu'Hérode a régné en Judée de 37 à 4 av. J.C.

L'Evangile de l'enfance -

- Exécution de deux grands prêtres le jour de l'éclipse pour avoir arraché un aigle d'or des portes du temple, qu'Hérode avait fait placer ;
- dégradation de la santé d'Hérode ;
- séjour d'Hérode à Callirhoe, station balnéaire sur les bords de la mer morte pour s'y faire soigner ;
- retour à Jéricho où il convoque des personnalités juives (avec ordre secret de les faire exécuter le jour de sa propre mort) ;
- exécution sur son ordre de son fils aîné Antipater ;
- mort d'Hérode 5 jours plus tard ;[58]
- funérailles pendant huit jours, et transport de la dépouille à Horodium ;
- prise de fonction du nouveau roi Archélaus, fils d'Hérode, qui reçoit les délégations du peuple et commence à transformer l'administration ;
- et enfin : fête de la Pâque.

*« Affirmer qu'Hérode le Grand est mort en 4 avant J.C. comme le font aujourd'hui l'ensemble des auteurs, n'est plus soutenable »,* écrivait fermement Ormond Edwards dès 1982 (« Herodian Chronology »).

2 – L'éclipse du 9 janvier –1 par contre (an 2 av. J.C.), convient tout à fait, et permet de ranger tous ces événements, la Pâque ayant eu lieu cette année-là le 8 avril.

Jésus est donc né, au plus tard, le 25 décembre –2, (an 3 av. J.C). Sa première année terrestre est l'an – 1, (**an 2** av. J.C. des historiens). Hérode est mort avant la Pâque de cette année-là.

Denys le Petit, qui établit en 525 après Jésus-Christ, le calendrier chrétien, fixa l'an 1 de l'ère chrétienne (1ère année du Christ) à l'année 754 de Rome. Il fit une erreur de deux années - erreur pardonnable, d'autant qu'en omettant l'année 0, il donnait au

---

[58] - Il faut ajouter le massacre des Saints Innocents de Bethléem, qui eut lieu après la visite des Mages.

christ 1 an à sa naissance ! Les Pères de l'Eglise considéraient déjà que le Christ était né deux années avant l'ère chrétienne. Et de fait : notre Seigneur fut crucifié en l'an 30 : s'il est né le 25 décembre de l'an 3 avant J.C, il était bien dans sa 33${}^{ème}$ année - comme on l'a toujours pensé.

Au niveau astronomique, puisqu'une « étoile » (« aster » en grec = astre) vient annoncer la naissance du Christ, voyons ce que le ciel nous offre : l'an –2 est riche de « signes » remarquables. Il y eut cette année-là, plusieurs conjonctions planétaires, propres à exciter l'intérêt des Mages : Jupiter - la planète royale - rencontra trois fois Régulus, « le petit Roi », et deux fois Vénus, la déesse de la fécondité, et ceci, toujours dans la constellation du Lion, dévolue à Israël, le *« Lion de Juda »* [59]. Voici des signes qui ne trompent pas ! Le 17 juin -2 Vénus et Jupiter étaient confondus à l'oeil nu (3' d'écartement), « astre » très éclatant, bien visible depuis la Perse. Un peu plus tard, Jupiter entrait dans la constellation de la Vierge, où il devint stationnaire le 25 décembre –2, précisément ! [60] Les annales astronomiques - celles qui nous sont parvenues - ne signalent ni nova, ni supernova cette année-là, mais ceci ne veut pas dire qu'il n'y en eut pas. Allez savoir si le 25 mars -2, il ne s'est pas passé quelque chose !...

Les Mages sont arrivés à Jérusalem la capitale de ce royaume, persuadés d'y trouver le *« Roi des Juifs »*. Or, surprise : Jérusalem ne sait pas ! Israël ignore ! Imaginez l'étonnement de ces voyageurs ! Venir de si loin, pour ne trouver qu'absence et méconnaissance ! Se seraient-ils trompés ?... Pourtant les signes sont là !... Combien de temps a duré leur équipée ? S'ils viennent de Perse : trois à quatre mois [61]. Ils sont partis après les grosses chaleurs, pour arriver en février.

---

[59] - Genèse 49/9, Osée 5/14, puis Apocalypse 5/5.
[60] - Pour ces renseignements, consulter les travaux de Mr. Schweitzer, astronome de Strasbourg, et les calculs de l'américain Mr. Bryan J. Tuckerman.
[61] - Esdras mit quatre mois pour se rendre de Babylone à Jérusalem (Livre d'Esdras 7/9)

« *Nous sommes venus nous prosterner devant lui.* » Le verbe « proskunèsai » est très fort, puisqu'il signifie aussi « adorer ». Ce qui les interpelle, c'est le caractère sacré, divin ! du Nouveau-né, plus que sa qualité royale. « Il vient du ciel ! » Jésus l'affirmera plus tard : « *Moi je suis d'en haut, vous vous êtes d'en bas* » (Jn. 8/23), et lors de son procès il mettra sous les yeux de ses juges la vision de Daniel : « *Désormais vous verrez le Fils de l'homme assis à la droite de la Puissance et venant sur les nuées du ciel.* » (Mt. 27/64 et paral.). Etienne jouira de cette même vision : « *Je vois,* dit-il, *les cieux ouverts et le Fils de l'homme debout à la droite de Dieu* ». (Act. 7/56). « Lapidez-le, lapidez-le ! » Facile de supprimer le témoin, pour ne plus écouter la vérité qui sort de sa bouche...

**2/3** - « *L'ayant appris le roi Hérode fut troublé, et tout Jérusalem avec lui, et ayant assemblé tous les grands prêtres et les scribes du peuple, il s'enquit auprès d'eux du lieu où devait naître le Christ.* »

Aucun doute pour Hérode : c'est le Christ ! c'est l'héritier du trône de David ! son adversaire n°1, son ennemi juré ! Il se trouve quelque part : branle-bas de combat au palais ! Il faut retrouver, et plus tôt que plus tard, ce descendant légitime, le faire disparaître séance tenante, si l'on veut demeurer dans la place. Il croit Hérode, à la différence des prêtres d'Israël. Ces mages qui ont fait tout exprès le voyage n'ont pas rêvé, c'est sûr ! Alors <u>tous</u> les grands prêtres et les scribes sont convoqués, pour répondre à la question : <u>où</u> le Christ doit-il naître ? Ce doit être écrit dans la Bible ! Identification immédiate entre ce Roi et le Christ : même pour Hérode l'édomite.

Et de fait ils répondent, oui ils répondent les grands prêtres, sans aucune réserve, au despote sanguinaire. Pourtant ils connaissent la rumeur qui agite la ville : « Le Christ est né ! ». - « Fadaise ! ». Quant aux Mages : « Ce ne sont tout de même pas ces Goïm qui vont nous apprendre la naissance du Christ ! D'ailleurs, elle sera éclatante sa venue, triomphale ! selon l'annonce prophétique [62] ; or, nous n'avons rien vu de tel ! » Pourtant ils sont là les « chameaux », ou les « dromadaires » annoncés

---
[62] - Voyez Genèse 49/10-11 ; Nombres 24/15-19 ; Psaume 110 ; Isaïe 9/1-6, 11/1-9, 32/1

par Isaïe - en petit nombre il est vrai - elles arrivent « les nations » représentées par ces mages, « portant de l'or et de l'encens ». (60/1-6). Mais ils ne les reconnaissent pas. Sous leur cuirasse de « pharisiens », ils ne voient pas l'humilité du Christ. Alors, sans prudence, sans examen préalable, ils précipitent le Seigneur dans la gueule du loup. Incompétence ? Insouciance ? Orgueil ? – Tout cela à la fois. Seraient-ils déjà pris dans les *« filets du Diable »*, selon l'expression sévère de saint Paul ? (I Tim. 3/6-7). *« Malheur à vous, scribes et pharisiens hypocrites qui fermez le Royaume des cieux aux hommes ! Vous mêmes n'entrez pas et vous empêchez ceux qui voudraient y entrer. »* (Mt. 23/13)

**2/5** - « Ils lui dirent donc : « A Bethléem de Juda, car il est écrit par les Prophètes : « *Et toi, Bethléem, terre de Juda, tu n'es pas la plus petite parmi les villes de Juda : car de toi sortira un chef, qui paîtra mon peuple Israël »* (Mi. 5/1).

Michée prophétisait au temps du roi Ezéchias - qui subissait alors la domination de Sennachérib, roi d'Assyrie (700 av.J.C.) (2 Rois 18/13-16) : « Il viendra le règne du grand Roi triomphant à Sion, établissant la paix ! Il sortira de Bethléem, la cité de David son père. » Pour les Juifs, la chose est entendue. Alors pourquoi précipiter l'enfant entre les griffes de l'Usurpateur ?... Crainte ? Soumission servile ? ...

**2/7** – *« Hérode ayant convoqué les Mages en secret s'informa auprès d'eux du temps de l'apparition de l'astre. Et, les envoyant à Bethléem, il leur dit : « Allez et renseignez-vous avec soin au sujet de l'enfant ; et dès que vous l'aurez trouvé, venez me le dire, de sorte que moi aussi j'aille me prosterner devant lui ». Sur ces paroles du roi, ils partirent. »*

Hérode est superstitieux, comme tous les potentats de la Terre ; cette étoile : très mauvais signe pour lui... Quand l'ont-ils vue paraître ? Question capitale, s'il veut estimer l'âge de l'Héritier ! D'ailleurs, annonce-t-elle sa naissance ? Peut-être sa conception...

Quoi qu'il en soit, nous assistons ici à une scène peu banale : Hérode, ce tyran sanguinaire, est devenu, par la faute des grands prêtres, le relais indispensable aux nations pour qu'elles accèdent au Christ ; c'est lui qui va les guider jusqu'à Bethléem. Il a dû revendiquer « l'exploit », lorsqu'il a paru devant Dieu ! Il me semble l'entendre : *« C'est moi qui ai conduit les Mages jusqu'à Toi ! »* Le roi usurpateur messager du roi légitime ! Oui, ses pensées sont perverses, oui, son dessein est criminel, oui, c'est un homme double... mais un chaînon qui devint nécessaire dans l'histoire du Salut.

Le texte de Matthieu reste fort discret sur la réponse des Mages à l'exigence d'Hérode : *« Dès que vous l'aurez trouvé, venez m'en informer »*. Qu'est-ce à dire, sinon précisément, qu'ils n'ont rien répondu. Hérode, venir adorer le roi des Juifs ? alors qu'il est lui-même roi de Judée et de Galilée ?... Hum, hum... ça sent mauvais ! Prudence, prudence... Ils ont appris depuis longtemps *« à se méfier des hommes »*, comme plus tard Jésus-Christ (Jn.2/24 ; Mt.10/17).

**2/9** - *« Et voici que l'étoile qu'ils avaient vue en Orient les précéda jusqu'à ce qu'elle vint s'arrêter au-dessus de l'endroit où était l'enfant. En voyant l'étoile ils se réjouirent d'une très grande joie »*.
Ils exultent, les Mages, ils tressaillent de joie, comme le dit avec insistance la dernière phrase. Après un si long voyage, retrouver l'étoile : quelle récompense ! Non, leur peine n'a pas été vaine ! Oui, ils ont eu raison de croire ! Ils ont eu raison de venir ! Jérusalem ne savait rien, mais eux, il savaient : les nations avant les Juifs !... Cette fois-ci, l'astre se déplace devant eux et les guide : cerise sur le gâteau ! Imaginons leur action de grâces... comme si, déjà, ils étaient arrivés. En fait, le trajet est court : 8 km. Fait-il jour, fait-il nuit ? On ne le sait pas... car un astre peut être

visible de jour. Ils sont partis, semble-t-il, sitôt l'entretien avec Hérode terminé (v.9), peut-être en cette fin de journée qui a vu aussi la convocation des grands prêtres et des scribes... Hérode a fait vite. Si la première étoile fut astronomique – pour exciter la curiosité des Mages astrologues - celle-ci est miraculeuse : elle se déplace du nord au sud, et va « se poser » sur la maison de Joseph. Déjà, au désert, les Hébreux étaient guidés par une *« colonne de nuée »* pendant le jour, et pendant la nuit, une *« colonne de feu »* les éclairait. *« Ainsi,* dit le livre de l'Exode, *Yahvé allait devant eux. »* (13/21-22). Là aussi : Yahvé chemine devant eux, grâce à cette *« étoile »,* car il est né le *« Soleil de justice »* annoncé par Malachie. (3/20 ou 4/2 Vulg.) Alors *« Vous sortirez,* ajoute le prophète, *et vous bondirez comme des veaux au sortir de l'étable ».* A l'étable ils y vont - enfin à la maison, celle que Joseph a trouvée - et ils bondissent de vive allégresse ! Le Dieu d'Israël les conduit lui-même à son fils.

**2/11** – *« En entrant dans la maison ils virent l'enfant avec Marie sa mère, et se prosternant, ils l'adorèrent ; et ouvrant leurs trésors ils lui offrirent or, encens et myrrhe ».*
Que de tableaux ont représenté cette scène : « l'adoration des Mages » ! Les peintres ont voulu revivre, avec eux, cet instant divin. Ils sont tous là, dans la « maison » de Joseph, en présence de l'Enfant et de sa mère Marie. Ils contemplent la maternité « divine », virginale, sans souillure, sans effusion de sang. Bonheur ! Eternité ! Ils adorent, oui, ils « adorent » : le verbe exprime exactement cela, puisqu'il est précédé par l'agenouillement (« pesòntes »). Ils vouent un culte à ce bébé, car ils le savent « venu du ciel », ils savent qu'il s'agit de *« l'Emmanuel »* annoncé par Isaïe : *« Voici que la vierge conçoit et enfante un fils, et son nom est « Dieu-avec-nous »* (Is.7/14). Ils sont prêtres, avons-nous dit : ils réalisent ici leur sacerdoce, qui n'est certes pas celui d'Aaron, mais déjà celui de Jésus-Christ. Les pères de l'Eglise n'ont cessé de commenter cet épisode, voyant dans cette « adoration des Mages » la conversion des peuples. Et, de fait, la foi des peuples va fleurir, sous la lumière du « Soleil de Justice ».

Dans le bât de leurs chameaux, ils ont rangé des présents : offrandes qui en disent plus sur leur motivation que tous les discours du monde. *« De l'or »* que l'on offre au « Roi des rois » : symbole de l'incorruptibilité. *« De l'encens »* que l'on offre à Dieu – ici présent – et à lui seul ! en signe d'adoration et d'amour. *« De la myrrhe »*, huile parfumée pour oindre le corps du « fils de l'homme » : symbole de son humanité. *« Mon bien-aimé est un sachet de myrrhe »*, s'exclame l'épouse du Cantique des cantiques (1/13) : sachet qui recèle le précieux liquide séminal. Oui, le Verbe de Dieu s'est incarné ; oui, son corps est une réalité concrète. *« Prenez et mangez, ceci est mon corps »*. A l'avance, nous goûtons au banquet eucharistique... Nos trois rois avaient-ils déjà saisi le mystère ?

**2/12** – *« Et, ayant été avertis en songe de ne pas retourner vers Hérode, ils se retirèrent dans leur pays par un autre chemin ».*

Un songe vient confirmer leur appréhension naturelle. Il en avertissent Joseph, bien sûr, car la vie de l'Enfant est en danger. *« L'ennemi rôde, comme un lion rugissant cherchant quelqu'un à dévorer »*. (1 Pi.5/8) Prends garde, Joseph ! Remonte à sa mémoire encore toute fraîche, la prophétie de Siméon. Ah mon Dieu ! Vigilance, vigilance...

**2/13** – *« Et quand ils se furent retirés, voici que l'Ange du Seigneur apparut en songe à Joseph, disant : « Lève-toi, prends l'enfant et sa mère, et fuis en Egypte, et reste là-bas jusqu'à ce que je te le dise. Car Hérode est sur le point de faire rechercher l'Enfant pour le faire périr ».*

Un ange intervient. Sûr que Joseph a mis son fils sous la protection du ciel. Les bons anges vont agir d'autant plus rapidement que cet enfant est de leur monde, de leur société. *« Crois-tu, dira Jésus à saint Pierre lors de son arrestation, que je ne puisse recourir à mon Père qui m'enverrait sur le champ plus de douze légions d'anges ? »* (Mt. 26/53) - « Père protège ton fils » : c'est la prière continuelle de saint Joseph. Sans défense dans son berceau, Jésus n'a pas encore l'âge de porter témoignage ? *« Hérode veut le faire périr »,* a dit l'Ange : imaginons l'effroi de Joseph... Pensons à sa responsabilité, lourde sur ses épaules. Aussi, sans perdre un instant, il agit :

**2/14** - *« Alors, s'étant levé, il prit l'enfant et sa mère, de nuit, et il se retira en Egypte, et il resta là jusqu'à la mort d'Hérode. Afin que fut accomplie la parole du Seigneur, dite par le Prophète : « J'ai appelé mon fils d'Egypte ».*

C'est un songe nocturne qui l'avertit; c'est une expédition nocturne qu'ils entament tous trois. Bethléem dort : leur fuite passera inaperçue. Nous sommes en février de cette année −1, (2 avant J.C.) où les nuits sont encore longues. *« Fuis en Egypte »* : car Hérode est capable d'étendre ses recherches sur tout le pays d'Israël. Longue descente vers le sud, parsemée de nombreuses étapes... Ils voyagent incognito : si l'on apprenait que Joseph est de la famille de David !...

On garde, dans la banlieue du Caire, le souvenir de ce séjour du Sauveur parmi les nations, à Zeitoun précisément, où se dresse l'église copte orthodoxe, coiffée d'un dôme, dédiée à la Vierge Marie, construite, dit-on, au lieu précis où demeura la Sainte Famille. [63] Egypte, tu as sauvé le Sauveur : précieux atout ! Elle s'en souvient la Vierge lorsqu'elle vient, aujourd'hui encore, te visiter. Rappelle-toi cette belle oeuvre, et reconnais ton Dieu en « Jésus de Nazareth ».

La mort d'Hérode ne tarda pas : avant la Pâque de la même année (le 8 avril), et après le massacre des Saints Innocents. Juste rétribution ! Joseph prend patience, il attend le signal de l'Ange pour revenir en son pays.

*« J'ai appelé mon fils d'Egypte »* : parole du prophète Osée (11/1) qui rappelle la sortie d'Egypte et l'exode d'Israël. Déjà, à cette époque, l'Egypte sauva les fils de

---

[63] - Il y eut en 1968-69 des apparitions de la Vierge sur le dôme de cette église, vue par des centaines de milliers de personnes, et reconnue par l'Eglise locale et même par les autorités officielles de l'état. Voyez le livre de Michel Nil : « Les apparitions de la Vierge en Egypte » paru chez Téqui. Marie n'a pas parlé, sinon par des gestes.

Jacob de la famine (Gen. 42-46). Joseph, leur frère, intendant du Pharaon, leur donna la plaine fertile de Gessen. Ils y restèrent 430 ans avant d'échapper, par l'entremise de Moïse, à la domination despotique du Pharaon. Ici Hérode, là Pharaon : même persécution ; celui-ci fit périr les premiers-nés des Hébreux comme celui-là les enfants de Bethléem. Ici Joseph, l'homme de Marie, là, le Patriarche Joseph : même délivrance ; celui-ci sauva le peuple élu de la famine, celui-là le Messie Sauveur.
« *Quand Israël était enfant, je l'aimais...* dit le Seigneur par la voix du prophète Osée, dans le même verset. *Quand Jésus était enfant...* même protection et assistance divine.

**2/16** - « *Alors Hérode, voyant qu'il avait été joué par les mages entra dans une vive colère, et il envoya tuer tous les enfants dans Bethléem et dans tout son territoire, depuis deux ans et en dessous, selon le temps qu'il avait appris des Mages.* »

La furie d'un tyran devient incontrôlable lorsqu'il se sent joué, berné, possédé. Sa vengeance n'a plus de bornes. Il sait, Hérode, que parmi tous ces enfants qu'il condamne, un seul est « coupable » à ses yeux ; il sait qu'il y aura des petites filles : pas de sexe qui compte ! S'il venait à le manquer !... La spirale du crime l'entraîne à tous les excès - comme déjà il a fait supprimer plusieurs de ses fils et une de ses épouses ! [64] Depuis longtemps, le Diable « *menteur et homicide dès l'origine* » (Jn.8/44) a fait en lui sa demeure.

Les Mages pouvaient-ils faire autrement que de s'éclipser en douce ? Non. Intervient ici la seule liberté d'Hérode, capable du pire. Rien ne l'obligeait à cette réaction brutale : il avait 70 ans à l'époque. Que craignait-il d'un bébé vagissant dans ses langes, fût-il roi ? fût-il l'héritier légitime ? - Rien, pour son trône personnel ; pour celui de ses fils - ceux qui vivaient encore - peut-être... Il prend une décision folle, qui va mettre en péril ses propres sujets, qui plus est, des enfants !

---

[64] - Ses fils Alexandre et Aristobule qui complotaient la mort de leur père, et sa femme Mariamme.

Dieu ne pouvait-il l'en empêcher, direz-vous ? Non, car il a fait de la liberté un droit inaliénable de l'homme. Mais si l'homme utilise ce bien pour se perdre, et pour perdre son prochain ? Pour se perdre : à lui de voir ! Pour perdre son prochain : au prochain de se soustraire par la prudence, par la prière, par la parole – non par les armes ! - à sa violence. La liberté : un choix risqué pour Dieu, un choix digne du vrai Dieu, preuve du respect, de l'amour qu'il nous porte. Ainsi devait être son « image et sa ressemblance ». C'est librement qu'il nous invite à entrer dans la voie de « l'arbre de la vie », c'est librement qu'il nous invite à partager son bonheur trinitaire. C'est librement que nous mettons en jeu la vie d'autrui, tel Hérode, c'est librement que nous mettons en jeu notre vie pour autrui, tel Jésus-Christ. « *Ma vie, c'est de moi-même que je la donne* » (Jn. 10/18).

Mais enfin, ces enfants, Dieu ne pouvait-il les protéger ? Il a bien volé au secours de son fils ! et de nombreux chrétiens au cours de l'histoire ! Même dans le martyre, il a fallu, bien souvent, la hache du bourreau pour en venir à bout ! Il a fallu les clous pour le Christ ! Alors, pourquoi ce massacre d'innocents à Bethléem ? Force est de constater que les Anges ne sont pas intervenus... comme ils ne sont pas venus chanter sur leur berceau à leur naissance... dans les maternités modernes, on n'entend pas : « *Gloire à Dieu au plus haut des cieux !* ». « *L'Ange du Seigneur annonça à Marie...* » Quelle femme a attendu, dans sa virginité, la visite de l'Ange, sinon sainte Marie ? Quel homme a respecté la virginité de son épouse, pour qu'elle enfante d'un germe sacré, sinon saint Joseph ? « *Il ne la connut pas au point qu'elle enfanta un fils* » (Mt.1/25) Ils sont tous nés, ces enfants de Bethléem, dans la transgression du sein fermé par Dieu. Ils ont tous hérité des conséquences de la faute. La mort, ils l'ont dans la peau ! Et l'on s'étonne qu'elle s'abatte sur eux ? Que les Anges fassent silence ? Il eût fallu les solliciter en temps voulu.

J'ai conscience de soulever là un problème insupportable, un sujet interdit.

Si l'homme veut se reproduire selon la loi des grands nombres, il récoltera le hasard et la nécessité : le hasard dans la progéniture et la nécessité de l'assumer. Il est une coutume africaine qui interdit aux femmes de pleurer lorsqu'elles perdent leur enfant. Une façon de leur dire : « Acceptez le risque que vous avez couru. » Si tous les foyers de Bethléem avaient laissé à Dieu la génération de leurs fils, toutes les familles auraient gagné l'Egypte, avertis et protégés par l'Ange.

Un an, deux ans : c'est bien jeune pour porter témoignage ! C'est pourtant ce qu'ils firent ces enfants, non par la parole, mais par le sang. Ils l'ont versé pour le Sauveur : premiers martyrs ! Récompense de martyrs ! La persécution sévit dès la première année du Christ : triste présage ! Deux mille ans plus tard, elle sévit encore, plus intense que jamais, puisqu'il y eut plus de martyrs au vingtième siècle que dans tous les autres siècles réunis. Il enrage, l'Adversaire, d'autant que ses jours sont comptés.

*« Les enfants de deux ans et au-dessous »* : l'étoile annonçait-elle la conception, ou la naissance de l'Enfant Roi ? Hérode peut hésiter. Il prend ce créneau d'âge pour être sûr de son coup, ce qui par ailleurs nous instruit sur le temps de l'apparition de l'étoile. Elle a dû précéder de plusieurs mois la naissance de l'Enfant : ce que corroborent les phénomènes astronomiques cités plus haut. [65]

**2/17** – *« Alors fut accomplie la parole de Jérémie le prophète : « Une voix à Rama s'est faite entendre, sanglots et grande lamentation : « C'est Rachel qui pleure ses enfants et qui refuse d'être consolée, car ils ne sont plus ».*

La femme aimée du Patriarche Jacob incarne le déchirement de ces mères de Bethléem. Rappelons en deux mots son histoire : elle était stérile, jusqu'à ce que Dieu se souvint d'elle et la rendit féconde. Elle enfanta Joseph = « celui qui dépasse »

---

[65] - Macrobe raconte que parmi les Saints Innocents se trouvait le propre fils d'Hérode en nourrice chez une femme de Bethléem !

(Gen. 30/22-24) - dans l'ordre de la génération précisément, puisque cette naissance fut miraculeuse. Mais Jacob ne voulut pas en rester là, il convoita un second fils : Benjamin = « le fils de sa droite ». Hélas ! Rachel mourut dans le déchirement de ses entrailles. Cris et gémissements. « Ben-Oni », disait-elle, = « fils de ma douleur ». Son cri est resté le « Hallel », la plainte de toutes les mères en détresse. Ainsi, lorsque Nabuchodonosor emmena enchaînée la fine fleur de la jeunesse d'Israël, retentit à nouveau ce « cri » de Rachel : « Hélas ! Ils ne sont plus ! ». On l'entend au jour de ce massacre à Bethléem, et « depuis Rama » dit Matthieu, car le tombeau de Rachel se trouvait en cette localité, tout près de Béthel, à la frontière du territoire de Benjamin, au bord de la route qui conduit à Bethléem. (Gen. 35/16-20 et 1 Sam.10/2).

En Rachel, la génération d'en haut - celle de Joseph - fut supplantée par la génération d'en bas. Désastre, lamentations, mort programmée, déchéance ! Son cri évoque tout cela !

**2/19** – « *Or Hérode étant mort, voici que l'Ange du Seigneur apparut en songe à Joseph, en Egypte, et lui dit : « Lève-toi, prends l'enfant et sa mère, et va en terre d'Israël : car ils sont morts ceux qui cherchaient la vie de l'Enfant ». Lui donc, se leva, prit l'Enfant et sa mère et entra en terre d'Israël ».*

« *Ils sont morts* » : au pluriel, ce qui semble renforcer l'idée d'un séjour prolongé en Egypte. Hérode a-t-il confié son dessein homicide à quelques uns de ses familiers ? Il ne pouvait être certain d'avoir éliminé le petit Roi... A-t-il passé la consigne, au cas où il viendrait à disparaître ? Pas à son fils Archélaüs en tout cas, ce qui semble bien étrange. Alors comment interpréter ce pluriel ? Remarquons que l'Ange s'exprime exactement comme Dieu à Moïse, alors que celui-ci séjournait en Madian : « *Va, retourne en Egypte, car <u>tous ceux</u> qui cherchaient à te faire périr sont morts. Moïse prit donc son épouse et son fils, les mit sur un âne, et reprit le chemin du pays d'Egypte* » (Ex. 4/19). Joseph reconnaît la phraséologie : c'est bien Dieu qui lui parle par la voix de l'Ange. Lui aussi va prendre son épouse et son fils – et son âne - pour rentrer en terre d'Israël. On ne peut donc affirmer que ce pluriel implique de soi un long séjour en Egypte.

Moïse venait délivrer son peuple de la servitude de Pharaon, Jésus vient délivrer son peuple de la servitude du Diable, inventeur de la mort. Autre combat, ô combien plus redoutable ! *« Il est puissant notre ennemi ! »*. Tout en cheminant avec Marie et le petit Sauveur, saint Joseph médite sur ces destins parallèles, quoique croisés – puisque lui revient en Israël.

Remarquons comme Joseph est prompt à exécuter les ordres divins. Il n'est pas dit, certes, qu'il se soit levé en pleine nuit – il n'y avait pas urgence - mais dès son lever matinal, il a pris le chemin du retour. Prompt à garder la parole, prompt à recevoir la vie, selon la Grande Promesse (Jn. 8/51). Comment aurait-il connu la mort, celui qui, par sa foi, nous a donné le Sauveur ?

**2/22** – *« Mais ayant appris qu'Archélaüs régnait sur la Judée, à la place de son père Hérode, il craignit de s'y rendre. Ayant été averti en songe, il se retira dans la région de la Galilée, et vint habiter dans la ville appelée Nazareth, de sorte que fut accomplie la parole du Prophète : Il sera appelé Nazaréen ».* [66]

Nous rejoignons ici le texte de Luc :

**Luc 2/39** - *« Et lorsqu'ils eurent tout accompli selon la loi du Seigneur, ils retournèrent en Galilée, dans leur ville : Nazareth. »*

---

[66] - On ne trouve pas textuellement cette phrase dans les prophètes. Nazareth se trouve dans le « district des nations », au pays de Zabulon et de Nephtali ; Isaïe annonce que « la grande lumière » sortira de ces lieux. (Is. 8/23 - 9/1) (Mt. 4/ /14-17). Matthieu fait sans doute allusion à ce passage d'Isaïe, tout en précisant le lieu dit. Cette région, foulée par les nations en raison que sa situation géographique, était dévalorisée en Israël : « le sombre pays ».

La boucle est bouclée de ce voyage en Egypte que Luc n'a pas raconté. Joseph et Marie sont de Nazareth (voyez Luc 2/4). Après la naissance de Jésus à Bethléem, Joseph choisit comme nouvelle résidence la cité de David, en raison de la prophétie de Michée : *« De toi, Bethléem sortira un chef qui paîtra mon peuple Israël »*. Mais Jérusalem est tout proche, où règne le fils d'Hérode. Tel père, tel fils : c'est à craindre ! Joseph « est effrayé » (c'est le terme exact) par cette conjoncture. Que faire ? C'est un songe qui vient au secours de son embarras, et qui le guide sur le chemin de Nazareth. Pour chaque décision importante, saint Joseph est éclairé par le ciel : ce qui advient toujours à ceux qui aiment Dieu. *« Remets ton sort au Seigneur, compte sur lui, et lui agira »*. (Ps.36/5). L'homme de Dieu ne peut pas errer. Et remarquez : chaque fois qu'il est question de saint Joseph dans l'Ecriture, il dort, du sommeil du juste, sachant que Dieu prend soin de lui et de sa famille.

*« Et il sera appelé nazaréen »*, épithète à prendre ici dans son sens direct, indiqué par la phrase : habitant de Nazareth. Oui, le Messie va sortir de cette bourgade inconnue, délaissée, comme Nathanaël le dira : *« De Nazareth peut-il sortir quelque chose de bon ? »*. Les adversaires des premiers chrétiens les désignaient de ce sobriquet disqualifiant : *« Nazaréens ! »* (ou *« Nazôréens »*) (Act.24/5). Pour vivre heureux, vivons cachés : ce que fit la Sainte Famille. Option à double tranchant : comment alors se faire connaître ? comment remplir une mission universelle ? Il fut appelé *« Nazaréen »*, c'est-à-dire « bien peu de chose », lui qui cependant est tout ! *« Je suis un étranger pour mes frères, un inconnu pour les fils de ma mère »* (Ps.68/9) : je suis un Nazaréen.

La racine de ce mot se rapproche du mot « nazir » = consacré. Sûr qu'il fut consacré, et dès sa conception, à Nazareth, précisément ! Oui, de Nazareth peut sortir l'Excellence ! Alors, qu'il soit donc appelé « Nazaréen » ! Nous voudrions l'être, et comme lui.

**Lc 2/40** : « *Et l'enfant grandissait et se fortifiait, rempli de sagesse, et la grâce de Dieu était sur lui* ».

Années merveilleuses que celles de l'Enfance du Christ ! En furent-ils conscients les habitants de Nazareth ? Comment ne pas être touché par sa beauté et sa grâce !... (Cf. 2/52). Oui, la main du Seigneur est sur lui ! « *Heureux le ventre qui l'a porté et les mamelles qu'il a sucées !* » : elles se le disaient les femmes du pays... Voir Jésus enfant : le rêve ! Dieu enfant !... Ce fut le quotidien de Joseph et Marie, le bonheur de ses grands parents. Eux savaient, d'où il venait, qui il était. Sous le toit de leur maison, il était adoré, comme Verbe de Dieu. Il a grandi dans cette cellule familiale, baignée de foi et d'amour. Dieu lui-même est venu « signer » son oeuvre, marquer de son sceau cette « *famille établie sur les bases divines* », dit Léon XIII - pape d'heureuse mémoire. A Nazareth, Dieu a mis ses complaisances. Imitons cette sainte famille : « *exemple le plus absolu de toute vertu et de toute sainteté* » (Léon XIII, Bref Neminem fugit).

ooooooooo

## Chapitre 5 - Selon Luc, en son second chapitre (suite et fin)

**2/41** – « *Et ses parents, (Joseph et Marie),* [67] *se rendaient chaque année à Jérusalem pour la fête de la Pâque.* »

Les Juifs avaient l'obligation de se rendre trois fois par an au Sanctuaire pour les fêtes des Azymes (Pâque), des Semaines et des Tabernacles. [68] Ceux qui étaient éloignés, comme la Sainte Famille, se contentaient d'un seul voyage - les femmes et les jeunes enfants n'étaient pas tenus de s'y rendre. Nous lisons au livre de Samuel, que dès que celui-ci fut sevré, sa mère le conduisit au Temple (I Sam.1/24). Marie a pu en faire autant...

**2/42** – « *Et lorsqu'il eut douze ans, comme ils étaient montés, selon la coutume, à la fête, et que les jours étaient achevés, alors qu'ils s'en retournaient, l'Enfant Jésus demeura à Jérusalem, et ses parents ne le surent pas.* »

Jésus a-t-il accompagné ses parents avant l'âge de douze ans ? Il semble que oui, à la lecture de ce verset 42 de Luc. L'évangéliste veut insister uniquement sur ce qui ce produisit lorsque l'enfant eut douze. Si cette montée avait été la première de Jésus, Luc l'aurait dit : « Enfin, cette fois-ci, ses parents l'amenaient avec eux ! » Rien de cela. Restons donc sur le sens premier de la phrase.

Jusqu'à l'âge de douze ans, Jésus n'a manifesté aucune indépendance. « *Et il leur était soumis* » (v. 51), non seulement après cet événement, mais avant. Alors que s'est-il passé pour qu'à cet âge - considéré en Israël comme le moment où l'enfant devient « fils de la Loi », tenu à ses obligations - Jésus ait trompé la vigilance de ses parents ? Ils sont montés , notez-le bien, « selon la coutume » ; et que préconisait-elle cette coutume ? - Que les hommes montent entre hommes, et les femmes entre femmes. Dès lors l'on comprend sans peine ce qui a dû se passer : à

---

[67] - Nommés dans plusieurs manuscrits.
[68] - Ex. 23/14-17, 34/23 ; Dt. 16/16.

douze ans, Jésus devait monter avec son père. Au retour, où le protocole se faisait moins rigoureux, Joseph, ne voyant pas l'enfant, a pensé qu'il était retourné auprès de sa mère, et Marie, de son côté, pensa qu'il était resté avec son père. Première hypothèse.

Seconde hypothèse : comme, à partir de douze ans, Jésus bénéficiait d'une liberté plus grande, il pouvait être autorisé à cheminer avec l'un ou l'autre de ses camarades, ou quelque personne de sa parenté. Si oui, remarquons au passage, la confiance que ses parents mettaient en lui, l'attention respectueuse qu'ils lui portaient. Pas de contrainte autoritaire, le seul lien entre eux : l'amour dans une foi sûre.

Jusqu'au soir, Joseph ni Marie ne s'inquiètent.

**2/44** – *« Ayant pensé qu'il était dans la caravane, ils firent une journée de chemin. Puis ils le cherchèrent parmi leurs parents et leurs connaissances, et ne le trouvant pas, ils retournèrent à Jérusalem, tout en le cherchant. »*

Les familles se reformaient le soir pour le repos de la nuit. Et là, stupeur : Jésus a disparu. *« Je le croyais avec toi »* - *« Et moi avec toi »* - *« Cherchons-le »* - *« Jésus est-il avec vous ? Avez-vous vu Jésus ? ... »* - *« Non, non, non... »* Introuvable ! Où peut-il être ? Pas d'autre solution que de faire le chemin en sens inverse, tout en poursuivant la recherche. S'est-il égaré ? Est-il resté à Jérusalem ?...

Depuis l'an 6 après Jésus-Christ, date où Archélaüs fut déposé par Auguste et exilé à Vienne en Gaule, la Judée est devenue province romaine administrée par un procurateur. En 10 après Jésus-Christ - âge de l'Enfant - [69] Métellus succède à Quirinius, [70] pour une durée de sept ans, à la tête de la province.

---
[69] - Puisque Jésus est né 2 ans avant l'ère chrétienne, il a douze ans en l'an 10.
[70] - Deuxième mandat de Quirinius de 6 à 10 après J.C.

*« Jésus ! Jésus !... »* pas de réponse. Ils n'osent se le dire, mais tous deux pensent à la prophétie du vieillard Siméon. *« Et s'il lui était arrivé malheur ? ... »* La nuit qui tombe ne fait que renforcer l'angoisse et la crainte. Non, ils n'ont pas dormi - comment auraient-ils pu ? ... ils ont marché toute la nuit pour arriver à Jérusalem au petit matin. Vingt quatre heures non stop. Ils sont épuisés.

**2/46** – *« Et il advint, qu'après trois jours, ils le trouvèrent dans le Temple assis au milieu des docteurs, les écoutant et les interrogeant. Et tous ceux qui l'écoutaient étaient stupéfaits de son intelligence et de ses réponses. »*

Trois jours : cela veut dire qu'ils l'ont cherché encore un jour entier dans la ville, et ne l'ont trouvé que le jour suivant. Douloureuse épreuve, semblable à celle qui frappera les Apôtres, après la mort du Christ - trois jours durant. Joseph et Marie éprouvent cette absence, mortelle à bien des égards ! Que s'est-il passé ? *« Pourquoi nous as-tu fait cela ? »* : dira sainte Marie à son fils. Veut-il les préparer à sa mission future, mission douloureuse en raison de l'obstination des Juifs ? - Non, procédé indigne de Dieu. La raison est ailleurs.

Ils le retrouvent, enfin ! dans le Temple. Tiens ! comment n'y ont-ils pas pensé plus tôt ? Ils l'ont cherché dans toute la cité, alors que sa maison à Lui, c'est le sanctuaire de Yahvé ! Ils le savent bien. Quel aveuglement est tombé sur leurs yeux pour n'avoir pu saisir cette évidence ? Arrivés là, ils découvrent une scène étonnante : Jésus assis – comme un maître – au milieu des docteurs, et leur tenant conversation. Il les écoute et il les interroge - comme les maîtres le faisaient avec leurs élèves, afin d'éveiller leur intelligence. Etrange renversement de rôles. Ce petit hébreu, tenu depuis ses douze ans aux prescriptions de la Loi, veut en comprendre l'esprit, ou plutôt, inviter ses maîtres à en comprendre l'esprit. Il en a le droit, et le met aussitôt à profit. Imaginons l'étonnement de ce parterre de savants. *« Dieu ! qu'il est intelligent ! Comme ses réponses sont justes et droites ! Que ses questions sont fines et profondes ! Qui l'a instruit de la sorte ?... »*. On ne sait pas ce qu'il leur a dit, quelles questions il a posées... La Pâque vient d'avoir lieu avec l'immolation de l'Agneau. Que signifie ce rite ? pourquoi Yahvé l'a-t-il institué ? J'imagine assez bien ce genre de questionnements. Dans quelques années, Jean-Baptiste dira : *« Voici l'Agneau de Dieu qui enlève le péché du monde »*. Il ne suffit pas de pratiquer un rite pour être justifié aux yeux de Dieu : il faut en saisir le sens. Et de fait, vingt ans plus tard, le grand prêtre immolera l'Agneau véritable, sans avoir compris le mystère. Preuve que l'enfant de douze ans les a bel et bien mis dans l'embarras. Quant à les éclairer... Sûr qu'il les a étonnés, interpellés : commencement de la sagesse ! Non, ils n'ont pu oublier cette scène les rabbis de Jérusalem.

**2/48** – *« En le voyant, ils furent saisis d'émotion, et sa mère lui dit : « Enfant, pourquoi nous as-tu fait cela ? Voici que ton père et moi, dans la douleur, nous te cherchions. ».*

Ils viennent de passer une seconde nuit d'angoisse, sans dormir, ni manger – ou si peu. « Un glaive de douleur.... » Ils sont à bout. *« Si nous montions au Temple ? »* - *« Mais oui, au Temple ! Pourquoi n'y avons-nous pas pensé plus tôt ? »*

Il est là ! Au milieu des docteurs. Imaginez leur émotion. La question de Marie va porter sur la peine qu'il leur a causée, et non pas sur les raisons qui l'ont poussé à « s'installer » au sanctuaire, trois jours durant – de quoi laisser une vive empreinte de son passage. *« Pourquoi nous as-tu fait cela ? »* N'a-t-il pas les meilleurs parents du monde ? - Une maman immaculée, un père chaste et bon... Pourquoi cette crise de pré-adolescence, dirions-nous. Marie ni Joseph ne comprennent.

*« Ton père et moi... »* Marie l'affirme : Joseph est le père de l'enfant Jésus, père non pas « selon la chair », mais « selon l'Esprit », père selon la paternité vraiment digne de l'homme, celle qui respecte la virginité sacrée et confère l'Esprit Saint à l'enfant à

naître. Quel plus beau cadeau un père peut-il offrir à son fils, à sa fille ? Cadeau de vie, de vie incorruptible ! Oui, Marie a raison de proclamer, haut et fort, la paternité de saint Joseph, face aux doctes d'Israël. Elle ne ment pas, elle dit la vérité : Joseph a pour fils Jésus, alors que les autres hommes sont des reproducteurs de leur condition mortelle.

**2/49** - *« Et il leur dit : Pourquoi donc me cherchiez-vous ? Ne saviez vous pas que je dois être aux affaires de mon Père ? Et eux ne comprirent pas la parole qu'il leur avait dite ».*

Jésus répond par une question à la question de sa mère. Est-ce un affront ? Ca y ressemble. Il leur dit en substance : *« Mais enfin, pourquoi m'avez-vous cherché trois jours durant, alors que vous deviez savoir que j'étais au temple, chez moi ! Pourquoi avez-vous été aveuglés de la sorte ? »* Il les renvoie à eux-mêmes, à leur errance.

Alors, que s'est-il passé ? Pourquoi le couple a-t-il subi cette épreuve ? Sur l'heure, ils ne comprennent pas, et ne trouvent rien à répondre à l'Enfant. Bien sûr qu'il doit être aux affaires de son Père, cela ne fait aucun doute ! Joseph et Marie sont, depuis douze ans, les témoins privilégiés de ce lien constant qui unit Jésus à son Père. La Sainte Trinité a élu domicile chez eux, dans leur maison : ils le savent, ils l'expérimentent chaque jour. Ils communient à la nature divine, selon l'espérance de saint Pierre, *« mettant en fuite la corruption qui est dans le monde, dans la convoitise »* (2 Pierre 1/4). Que dit ici l'enfant Jésus à sa mère ? – *« Maman, tu sais bien que je suis toujours auprès de mon Père »*, et à Joseph son père : *« Tu sais bien, papa, que notre unité est indissoluble »*. Oui, tout cela ne fait pas de doute ; mais alors pourquoi cette « fugue » ?

Joseph et Marie mettront un certain temps à comprendre l'enseignement contenu dans la « parole » de leur enfant, non seulement la parole verbale, mais aussi la parole événementielle. Jésus a mis ses parents à l'épreuve : il ne l'a pas fait de bon coeur ! Ce fut pour lui un déchirement, mais il savait que cette épreuve leur serait salutaire.

Pour qu'ils comprennent quoi ? – Ce qui est au commencement : *« N'avez-vous pas lu, qu'au commencement Dieu les créa homme et femme, et leur dit : « A cause de cela, l'homme quittera son père et sa mère, et s'attachera à la femme, et les deux deviendront une seule chair ? Ainsi ils ne sont plus deux, mais une seule chair. Que l'homme ne sépare donc pas ce que Dieu a uni »* (Mt.19/4-6). A bas cette coutume juive qui sépare les hommes des femmes ! Tradition humaine ! *« Avec vos traditions vous anéantissez le commandement de Dieu »* (Mt.15/6) L'image et la ressemblance de la Sainte Trinité – l'homme et la femme – ne saurait souffrir division ni séparation. *« Le Père et moi nous sommes un »* (Jn.10/30), vous de même : *« Soyez un, comme nous sommes un »,* dans l'Esprit Saint (Jn.17/22). La leçon portera.

Jésus souffrait de voir ses parents séparés, chaque année, pour la Pâque. Il pensait en son coeur d'enfant : *« Non, ce n'est pas bien, ce n'est pas ce que mon Père veut ».* Il attendit l'âge de douze ans - de sa majorité religieuse, disons, - pour les former, par l'exemple : *« Moi, je suis toujours avec mon Père. Et vous ? êtes-vous toujours l'un avec l'autre ? »* Jésus, maître de Vérité – déjà ! – pour ses parents, comme pour les savants d'Israël. Si le couple avait compris dès le premier jour, l'épreuve aurait été close aussitôt. Mais ils durent boire le calice trois jours durant, bien amer – trois comme un seul Dieu en trois personnes indissolubles.

Revenons un instant sur la réponse de l'Enfant, et voyons son impact sur l'auditoire. *« Ne saviez-vous pas que je dois être aux affaires de mon Père ? ».* Son « père », les Juifs l'ont sous leurs yeux, puisque Marie vient de le présenter. Or l'Enfant se trouvait au Temple sans son père, précisément. Les « affaires » de son Père (ou les

« choses », ou les « biens »), il vient d'en discourir avec les docteurs : affaires hautement spirituelles, affaires divines. Un trouble parcourt l'assemblée. *« Voyons... Que dit-il ? De qui parle-t-il ? De son père ou de Dieu ?... »* D'autant que Joseph, personne ne le connaît : Jésus n'est pas le fils d'un rabbi ni d'un prêtre de Yahvé. *« Qu'est-ce qu'il raconte ? On dirait qu'il parle de Dieu comme de son père... on dirait que Dieu est son Père... »*

Si bien que, dans cet événement, tous sont interpellés par l'enfant-Dieu : et les parents et les docteurs. Non, Jésus n'a pas démérité : il a oeuvré pour son Père, son père terrestre et son Père céleste. Joseph peut être fier de lui, face aux maîtres de la Loi. Jésus agit en digne fils, et de Dieu et de Joseph.

L'heure est aux retrouvailles. Mais nous aurions aimé que la discussion se prolonge, en compagnie des parents. Tous les éléments sont réunis pour que la lumière resplendisse au sujet de leur enfant « hors norme ». *« Interrogeons les parents, voyons comment ils ont instruit leur fils ; pourquoi sa grâce, d'où sa sagesse ?... »* Bien sûr que Joseph et Marie auraient accepté de porter témoignage sur la génération de leur enfant ! Ils n'avaient rien à cacher, bien au contraire : tout à révéler, pour la gloire de Dieu et pour la gloire d'Israël ! Occasion unique, qui ne se représentera pas. Ils l'ont laissée filer les prêtres juifs ! L'heure n'était pas venue, sans doute.... L'heure est à la Sainte Famille et à la vie cachée.

**2/51** - *« Et il descendit avec eux et il vint à Nazareth, et il leur était soumis. Et sa mère gardait toutes ces paroles en son coeur ».*

Retour à trois, cette fois-ci. L'enfant a obtenu ce qu'il voulait : ce que son Père voulait. Je pense que c'est au cours de ce voyage, qui dura trois jours, que Joseph et Marie ont enfin compris la leçon. Toutes les conditions sont réunies pour que la lumière jaillisse dans leur esprit. Comme ils sont heureux de voyager ensemble ! Comme ils sentent la complaisance du Père dans leur unité profonde ! Oui, c'est bien cela : Dieu les veut présents les uns aux autres. La joie de Jésus en est la meilleure preuve. Désormais, ils ne recommenceront plus !

*« Et il leur était soumis »*, précisément parce que leur unité est devenue indissoluble. Jésus accepte le joug parental parce que celui-ci est conforme à la volonté de son Père. O tendre joug, ô joug léger ! *« Enfants, obéissez à vos parents, dans le Seigneur, car cela est juste... parents, n'exaspérez pas vos enfants... »* (Eph.6/1, 4) Désormais, la Sainte Famille fait « bande à part » lorsqu'elle se rend à la Pâque. Elle se démarque d'une tradition conventionnelle absurde qui brise le couple. Première liberté sociale, qui force les Nazaréens à dire : *« Voyez comme ils s'aiment ! »*. Y a-t-il meilleur témoignage ?

*« Et il leur était soumis »* : *« Qui ? à Qui ? Dieu aux hommes,* s'émerveille saint Bernard, *je dis bien : Dieu, à qui les Anges sont soumis, auquel les Principautés et les Puissances obéissent ! Il était soumis à Marie, mais aussi à Joseph, l'homme de Marie... D'une part Dieu obéit à une femme : humilité sans exemple ; d'autre part une femme qui a pouvoir sur Dieu : sublimité incomparable ! Dans la louange des vierges, on chante qu'elles suivent l'Agneau partout où il va. De quelles louanges est-elle donc digne, celle qui précède l'Agneau ? »* [71]... et celui qui précède l'Agneau ?

*« Sa mère gardait toutes ces paroles en son coeur »*, répète une fois encore saint Luc, parce qu'elle le lui a dit et redit. Joseph a fait de même, n'en doutons pas. Ce qui montre à quel point le saint foyer était attentif à leur enfant, et docile à ses enseignements. Eux aussi, « étaient soumis » au Verbe de Vérité. Soumission réciproque : c'est cela que produit l'amour.

**2/52** – *« Et Jésus grandissait en sagesse, en âge et en grâce devant Dieu et devant les hommes ».*

---
[71] - Homélie que l'on chante aux matines de la fête de la Sainte Famille.

Comment n'aurait-il pas grandi de la sorte, alors qu'il se trouve dans le plus heureux des foyers, dans un foyer docile à l'Esprit ? Dans l'âme de cet enfant, aucune souillure, puisqu'il est né sans péché ; dans son esprit, la Sagesse incarnée, puisqu'il fut conçu de l'Esprit ; dans son corps, la vie véritable, sans germe de mort. Il peut grandir en paix, dans sa petite ville de Nazareth, loin de Jérusalem, loin des intrigues des hommes. Les hommes, il les côtoie dans son village, il fait leur admiration : *« Vous avez vu le fils de Joseph ? Un don de Dieu ! Ah si nos enfants pouvaient ressembler à celui-là ! Aucun défaut en lui ! »*

Il grandissait « devant Dieu » : ses parents étaient témoins de ses prières et de son amour pour Dieu, son Père. Luc tient l'information de Marie, peut-être aussi du rabbin de Nazareth.... A t'il, ce dernier, deviné, sinon percé le mystère ?...

oooooo

## Chapitre 6 - Selon Matthieu, en son premier chapitre

Terminons cette étude sur l'Evangile de l'Enfance par « L'annonciation à Joseph », rapportée par Saint Matthieu. (1/18-25).

Le premier livre du Nouveau Testament est celui de Matthieu, et le premier chapitre de ce livre est consacré à Saint Joseph : le père de Jésus. Admirable ordonnance ! Car si l'évangéliste se propose d'écrire le *« Livre de la génération de Jésus Christ »*, comme il le dit en son premier verset, [72] il se doit de commencer par son père et les ascendants de ce dernier pour que nous sachions, pour que Israël sache – puisque Matthieu écrit d'abord pour la Synagogue - d'où vient cet homme Jésus-Christ, quel est son lignage parmi les douze tribus de Jacob, comment il se rattache à Abraham, le père fondateur d'Israël, et s'inscrit dans la lignée royale de David.

Merveille des merveilles ! C'est bien la généalogie par Joseph que Matthieu - et Luc par ailleurs (3/28-37) - nous donne, et non par Marie ! Tous deux considèrent que le père authentique de Jésus est saint Joseph, père non pas « selon la chair », mais selon l'Esprit. Nous avons là une leçon merveilleuse des saints livres qui, rapportant cette *« génération de Jésus-Christ »*, expose aussitôt les choses à l'endroit, si je puis dire, telles que, par ailleurs, elles auraient dû se produire pour tout homme. La paternité digne de l'homme est celle de saint Joseph, et même si ses ancêtres ont sombré dans la voie interdite - se reproduisant à la mode animale - ils n'en restent pas moins ceux qui le relient à Abraham. Jésus, fils de Joseph, fils d'Abraham. Outre Isaac qu'il eût *« de l'Esprit »* (Gal.4/29), alors que *« son sein était mort »*, (Rom.4/19), Abraham eut Joseph et Jésus « de l'Esprit » : Joseph par la foi, Jésus comme fruit de la foi.

---

[72] - Le mot grec « genésis » signifie bien génération et non pas « généalogie » comme il est souvent traduit, hélas.

Nous avons en ces trois hommes la vraie génération digne de Dieu, la vraie descendance d'Abraham, comme saint Paul le dit en Romains 9/6-8 : *« Tous ceux qui descendent d'Israël ne sont pas Israël, et pour être la postérité d'Abraham, tous ne sont pas ses enfants ; mais c'est la postérité d'Isaac qui sera dite « ta postérité », c'est-à-dire que ce ne sont pas ceux de la chair qui sont enfants de Dieu mais ce sont les enfants de la promesse qui sont regardés comme la postérité d'Abraham ».* En somme Matthieu – ainsi que Luc - auraient pu raccourcir à l'excès la généalogie de Jésus-Christ, ne citant que ces trois ascendants, et cela eût été suffisant. Dès lors, qu'ils aient sauté quelques chaînons, que la généalogie de l'un diffère de celle de l'autre, [73] peu importe – les générations charnelles se confondent et s'abîment dans la poussière ! Là n'est pas l'essentiel, mais la foi d'Abraham, et la foi de Joseph.

Saint Luc remonte jusqu'à Adam *« fils de Dieu »,* le premier homme, pour bien nous signifier que le Christ s'inscrit dans le patrimoine de l'humanité, fils de Dieu comme Adam l'était, second Adam venu reprendre l'oeuvre du Père détériorée par le péché, et la porter à son achèvement.

*« Jésus, fils de David »* : oui, cette filiation est importante, citée dans le premier verset de Matthieu. Outre la royauté que David détient, et qu'il confère à ses descendants, donc à Jésus-Christ, ce grand roi force l'admiration en raison de la confession de son péché. Il a « volé » la femme d'Urie ; le premier fils qu'il eut d'elle mourut en châtiment de sa faute. *« Pitié pour moi, Seigneur en ta bonté, en ta grande tendresse efface mon péché, lave-moi de toute malice et de ma faute, Seigneur, purifie-moi. Car mon péché, moi je le connais, ma faute est devant moi sans relâche, contre toi, toi seul, j'ai péché, ce qui est mal à tes yeux, je l'ai fait... vois, mauvais, je suis né, ma mère m'a conçu dans le péché... affranchis-moi du sang, Dieu mon Sauveur... »* (Psaume 50 de David).

---

[73] - Voyez sur cette question les travaux du père Lagrange de l'école biblique de Jérusalem. Les généalogies d'alors considéraient beaucoup plus la tribu que l'individu.

La mère de David, épouse de Jessé, n'était pas une femme « de mauvaise vie », non ; elle a cependant conçu le roi David *« dans le péché »*. David confesse la faute liée à la génération charnelle, et en ce sens, il rejoint – de loin certes - la foi d'Abraham.

Reste, à la lecture de ces deux généalogies de Matthieu et de Luc, la contradiction apparente concernant l'ascendance directe de saint Joseph : *« Jacob engendra Joseph »* écrit Matthieu, alors que Luc dit : *« Joseph, fils d'Héli »*. Aurait-il deux pères cet homme ? Examinons, chez les Juifs, dans la loi de Moïse, si un tel cas de figure peut se présenter. Eh bien oui : nous trouvons cette possibilité grâce à la « loi du lévirat » qui stipule :

*« Si des frères demeurent ensemble et que l'un d'eux vienne à mourir sans enfants, la femme du défunt ne se mariera pas au dehors avec un homme d'une famille étrangère. Son « lévir » viendra à elle, il exercera son lévirat en la prenant pour épouse et le premier-né qu'elle enfantera relèvera le nom de son frère défunt, dont ainsi le nom ne sera pas effacé d'Israël »* (Dt. 25/5-6). De fait, Jacob et Héli sont dits fils de « Matthan » (ou « Matthat »). Si nous interprétons le logion 12 de saint Thomas - expliqué ci-après - en faveur de Jacob, nous devons penser qu'Héli est mort, laissant son épouse à son frère Jacob, de laquelle il eut Joseph, fils du défunt Héli.

Voyons ce logion de Saint Thomas, si stupéfiant dans son énoncé :
*« Les disciples dirent à Jésus : « Nous savons que tu nous quitteras, qui alors deviendra grand sur nous ? » Jésus leur dit : « Là où vous irez, vous vous rendrez chez Jacques (=Jacob) le juste, celui à cause duquel le ciel ainsi que la terre ont été produits ».*

*« Là où vous irez »* : le Seigneur a, par ailleurs, indiqué ce lieu : *« Après que je serai ressuscité, je vous précéderai en Galilée »* (Mt. 26/32) ; parole reprise par les Anges de la résurrection : *« Il vous précède en Galilée, c'est là que vous le verrez »* (Mt.

28/7; Mc 16/7). Où les Apôtres devaient-ils se rendre en Galilée ? Evidemment à Nazareth ! où Jésus a rejoint les siens, leur apportant la consolation de la gloire de sa résurrection. « Vous irez chez Jacques le juste, le grand père de Jésus ». Cet homme nous a donné Joseph, le père du Christ. Comment nous l'a-t-il donné ? De sa chair ou de sa foi ? Si le ciel et la terre ont été produits à cause de lui, c'est bien qu'il fut le premier à revenir au dessein éternel de Dieu, de l'Incarnation, de la génération qui laisse à Dieu l'initiative de la vie. Jacob a-t-il engendré Joseph comme Joachim engendrera Marie : « de l'Esprit » ? Ou bien l'a t'il seulement instruit de la sainte génération : de la conception immaculée ? Jacob est-il son père « spirituel », et Héli son père charnel ? Ce qui peut expliquer aussi la mention de ces deux pères. Si tel fut le cas, la présence de Jacob dans cette généalogie prouve, une fois encore, qu'il nous faut considérer la paternité « spirituelle » comme une paternité authentique, comme la « vraie paternité » à l'instar de celle de saint Joseph.

Saint Luc nous le dit : *« Jésus était, comme on le croyait, fils de Joseph ».* (3/23). La phrase est affirmative, il faut la prendre comme telle. Jésus était fils de Joseph, comme le peuple le croyait. Il l'est vraiment, de cette paternité nouvelle, supérieure, dont nous avons parlé.

Revenons à présent au texte de Matthieu, lequel conclut sa généalogie par ces mots :

**1/16** – *« Jacob engendra Joseph, l'homme de Marie, de laquelle fut engendré Jésus, appelé Christ. »*
Qui est Joseph ? – *« L'homme de Marie »*, c'est à dire son époux. Qui est Marie ? – La mère de Jésus. L'ordre est d'importance, et démontre – une fois encore ! – que le couple était bel et bien formé, uni par le mariage, avant la conception de Jésus. L'Archange Gabriel n'a pas dérogé aux lois établies par le Créateur en ce domaine, qui veut que l'enfant soit le fruit de l'union d'un homme et d'une femme, mais, attention ! pas de n'importe quelle union : d'une union virginale et eucharistique.

L'Ange qui apparaît à Joseph confirme cet état de fait puisque au verset 20 de ce chapitre de Matthieu, il parle à Joseph de sa « femme ». Nous voici donc bien assurés de cet enchaînement logique, naturel des événements.

Et voici, sous la plume de Matthieu, sainte Marie incluse dans la généalogie de Jésus, par Joseph, comme un chaînon à part entière. Oui, il nous faut recevoir le texte tel qu'il est écrit, et il nous faut comprendre. En comptant 14 générations depuis la déportation en Babylone jusqu'à Jésus-Christ (v.17), y compris celle de Marie, l'évangéliste entend bien nous instruire. Tout se passe en effet comme si Joseph avait d'abord « engendré » Marie, avant que Marie engendre le Christ. Précieuse indication ! Jésus soulèvera plus tard un coin de ce mystère lorsqu'il se nommera lui-même : *« Le fils de l'homme »*. Quel homme, sinon Joseph ? - alors que les autres hommes, nés de la chair sont dits *« fils de la femme »*, tel Jean Baptiste, le plus grand d'entre eux. Etonnant paradoxe ! Jésus n'est pas né de la semence de Joseph, mais il est né de la chair de Marie, nourrie du corps de Joseph selon l'union chaste, instituée par Dieu dès la création de l'homme : *« Ils seront deux en une seule chair »* : par voie non pas génitale, mais eucharistique. *« Aimez-vous l'un l'autre comme je vous ai aimés »*. *« Il prit du pain, le bénit, le rompit et le leur donna en disant : « Prenez et mangez, ceci est mon corps ».* Le « fils de l'homme » est fils d'un couple unifié par la foi et l'amour, suivant la génération de la femme par l'homme, [74] puis de l'homme (Jésus) par la femme : Joseph, Marie, Jésus.

**1/18** – *« Quant à la génération de Jésus-Christ, elle fut ainsi »*.
Nous retrouvons le début du livre de saint Matthieu, premier verset : *« Livre de la génération de Jésus-Christ »*. L'Evangile, et avec lui tout le Nouveau Testament, est l'exposé de cette génération nouvelle qui s'est opérée pour le Christ. Finies ces générations de péché, inutiles ces généalogies interminables, balayées dans la poussière de la mort ! Arrive dans le monde et dans l'histoire des hommes la

---

[74] - Au commencement de la Création, Dieu engendra Eve d'Adam ; au principe de la Rédemption, c'est la même chose.

génération sainte et avec elle le Christ Sauveur : remède à notre condition mortelle. Il en est le fruit et le grand prophète. Entrons dans le mystère de cette génération nouvelle ,tel qu'il nous est rapporté par saint Matthieu.

**1/18** (suite) – *« Sa mère, Marie, ayant été mariée à Joseph, avant qu'ils se soient unis (charnellement), se trouva enceinte de l'Esprit Saint ».*

Nous retrouvons le mot « mnèsteutheisès » [75] employé aussi par saint Luc (1/27 et 2/5) pour désigner la « mariée » : « desponsata » en latin. Il arrive fort à propos au début de ce récit, comme il se doit. En effet, Luc n'aurait pu écrire la proposition suivante : *« avant qu'ils se soient unis (charnellement) »*, si le mariage n'avait pas eu lieu. « Sunelthéîn » : littéralement « aller ensemble ». Il existe un substantif formé sur le même verbe, et avec la préposition « sun », qui exprime exactement ce « commerce intime », cette « union charnelle » : « suneleusis ». D'où en français le mot « coït » du verbe latin « co-ire » : « aller ensemble ». C'est bien dans ce sens qu'il faut l'entendre. Comme saint Luc – nous l'avons vu - Matthieu insiste sur l'union virginale des deux époux, union qui permit à l'Esprit-Saint de féconder Marie. *« Marie conçut le Verbe dans son esprit avant de le concevoir dans sa chair »* (Saint Léon). Sans le « Fiat » de saint Joseph, l'Ange Gabriel n'aurait pas visité cette vierge en « pouvoir de mari ». Il fallut l'accord du couple pour que se réalise cette divine conception, accord tout aussi et beaucoup plus indispensable que dans la voie charnelle. Jésus n'est pas le fils d'une fille mère, mais le « fils de l'homme ».

**1/19** – *« Alors Joseph son homme, étant juste, et ne voulant pas la proposer en exemple, résolut de la délier en secret ».*

« Deigmatisai » : proposer en exemple, c'est bien ainsi qu'il faut traduire ce verbe formé sur le mot « deigma » = exemple. A la forme active, il signifie : « faire un

---
[75] - ici au participe aoriste passif féminin.

exemple », d'où la déplorable traduction habituelle « dénoncer ». La forme aoriste oblige à le traduire comme ci-dessus (second sens du dictionnaire). La femme de Joseph est enceinte de l'Esprit Saint. Que va faire l'heureux « père » ? Le proclamer haut et fort ? Présenter Marie sa femme comme la future mère de « l'Emmanuel » ? Qui le croirait ? Il ne peut témoigner pour lui-même, pour son propre couple, ce qui démontre, une fois encore, que Marie était bien son épouse : une partie de lui-même. Alors que peut-il faire ? Que doit-il faire ? Laisser croire que cet enfant est de sa chair ? Mais ce serait là un mensonge, une faute qu'il se refuse à commettre, lui qui est « juste ».

Face à ce dilemme insurmontable, Joseph choisit de s'effacer. Dieu vient de réaliser en Marie l'espérance d'Israël, que lui, Joseph, ne saurait reprendre à son compte, alors, que Dieu la conduise à son achèvement. Joseph se résout à « délier » Marie (« apolûsai »). Ce verbe affirme, sans contestation possible, qu'existait bel et bien, un « lien conjugal » entre saint Joseph et sainte Marie. Et c'est ce lien que Joseph veut rompre afin de rendre toute sa liberté à Marie, sous la mouvance de l'Esprit. Tous deux n'avaient pas « consommé » leur mariage, ils restaient libres l'un vis à vis de l'autre, et c'est bien pourquoi Joseph envisage comme juste, comme équitable, cette solution. Solution déchirante pour lui ! Quitter celle qu'il aime ! qui est tout son bonheur, toute sa vie ! Mais il ne peut en conscience usurper la paternité de Dieu sur cet enfant ! Voyez à quel point cette paternité lui tient à coeur, plus qu'à son propre bonheur ! Il donne ici sa vie, en quelque sorte, pour qu'éclate la vraie paternité. Il renonce moins à l'enfant qu'à sa paternité charnelle – ou présentée comme telle - pour que Dieu comme Père soit glorifié dans le Fils.

**1/20** – *« Comme il était dans cette pensée, voici qu'un ange du Seigneur lui apparut en songe et lui dit : « Joseph, fils de David, ne crains pas de prendre en charge Marie ta femme, du fait que ce qui est engendré en elle est de l'Esprit Saint. »*

C'est bien ainsi qu'il faut traduire le verbe « paralabeîn » dans son sens n°4 indiqué par le dictionnaire (Bailly) : *« prendre sur soi, se charger de... du pouvoir, de la direction des affaires, de l'éducation des enfants. »* Marie est la *« femme »* de Joseph, il n'a donc pas à la *« prendre avec lui »*, puisqu'elle y est déjà, mais à la *« garder auprès de lui »*. L'Ange demande à Joseph de renoncer à son projet : celui de renvoyer libre Marie. Il l'incite à prendre ses responsabilités de chef de famille. Ce n'est pas parce que sa femme a conçu de l'Esprit Saint qu'il doit hésiter à assumer sa paternité sur cet enfant : tout au contraire ! La preuve en est donnée au verset suivant :

**1/21** - *« Elle enfantera un fils et tu l'appelleras de son nom : Jésus »*.

Il revenait au père de donner un nom à son enfant. L'ange reconnaît la paternité de Joseph sur le fils de Marie, tout comme Israël, qui dira de Jésus : *« C'est le fils du charpentier »*. (Mt.13/55) Lors de la cérémonie de la circoncision où Jésus reçut son nom, l'enfant est devenu officiellement le fils de Joseph. Certes, direz-vous, ce nom, Joseph ne l'a pas choisi, il lui fut donné par l'Ange, comme il avait été donné par l'archange Gabriel à Marie lors de l'Annonciation. Evidemment ! cet enfant est fils de Dieu. Il revient donc à Dieu son père de lui donner son nom, un nom qui caractérise son identité et sa mission divines :

**1/21** (suite) - *« Car c'est lui sauvera son peuple de ses péchés »*.

Jésus = sauveur. Joseph et Marie connaissent donc parfaitement l'identité et la mission future de leur fils. C'est le Messie promis (Messie = consacré) qu'Israël attend. A Joseph revient le soin d'élever cet enfant, de « prendre en charge » et l'enfant, et sa mère, en digne père et époux.

**1/22** – *« Tout cela est advenu afin que fût accomplie la parole de Dieu dite par les prophètes : Voici que la vierge conçoit et enfante un fils, et ils l'appelleront de son nom « Emmanuel » »*, c'est-à-dire *« Dieu avec nous »*.

Es-ce là un commentaire de Matthieu après avoir rapporté le songe de Joseph, ou bien ces deux versets sont-ils à mettre encore dans la bouche de l'Ange ? On peut hésiter, en raison du verset suivant qui se rapporte à ce qui précède :

**1/24** – *« S'étant éveillé de son sommeil, Joseph fit ce que lui avait ordonné l'Ange du Seigneur, et il prit en charge sa femme ».*

*« La vierge conçoit »* : Oui, c'est cela qu'Israël attend ! Une conception virginale, donc divine. Quand la Vierge conçoit, Dieu est avec nous, et il est là, lui-même, dans le ventre de Marie. Il est venu lui-même inaugurer cette génération nouvelle, nouvelle par rapport aux générations de péché, mais première dans la pensée de Dieu. Je parlais un jour de cette génération sainte avec un homme qui se disait athée. Il me répondit : *« L'avènement d'un fils de Dieu serait vraiment la preuve que Dieu existe ».* Oui ! Dieu est avec nous quand la vierge enfante ! Mon athée a raison.

La vierge conçoit, mais elle ne conçoit pas seule : en mère célibataire. C'est l'épouse de Joseph qui conçoit. Elle conçoit leur enfant : celui que Dieu leur donne à tous deux. Joseph reçoit de Dieu la paternité, tout comme Marie reçoit de Dieu la maternité.

Joseph fait ce que l'Ange lui a « ordonné ». C'est dire à quel point il se refusait à usurper le nom de Dieu qui est « père » en Jésus. « Plutôt sacrifier mon bonheur avec Marie ! » Il lui fallut un « ordre » divin pour qu'il ose, en quelque sorte, s'égaler à Dieu dans cette génération divine.

**1/25** – *« Et il ne la connut pas, au point qu'elle enfanta un fils ; et il l'appela de son nom : Jésus ».*

Matthieu conclut par cette phrase son récit de la *« génération de Jésus-Christ »*. Il s'émerveille ! C'est parce que Joseph n'a pas connu Marie – au sens hébreu du terme : il n'a pas eu de relation charnelle avec elle – que celle-ci a pu concevoir d'En Haut. Il a respecté son épouse, ce qui permit à Dieu de la visiter. *« Eôs où »* : « au point que », c'est bien ainsi qu'il faut traduire cette préposition (sens B du dictionnaire). De fait, il est demandé à l'homme, à tout homme de ne pas briser l'hymen afin de rendre possible une conception par l'Esprit Saint. [76]

Afin que cessent les générations de péché, toutes vouées à la corruption cadavérique.

Joseph mérite vraiment le nom de « père » de cet enfant : il a rempli pour cela toutes les conditions indispensables. Et c'est pourquoi, au final, huit jours après la naissance du fils de Marie : *« Il l'appela de son nom : Jésus »*.

*« Et il était, comme on le croyait, fils de Joseph. »*

ooooooo

**mail : josephmarie@club-internet.fr**
**site : josephmarie.perso.neuf.fr**

---
[76] - L'Eglise l'a demandé à tous ses consacrés par le voeu de chasteté.

## Tables des Matières

En guise de préface..................................................................................................2

Chapitre 1 - Selon Luc, en son prologue......................................................................3

Chapitre 2 - Selon Luc, en son premier chapitre........................................................10

Chapitre 3 – Selon Luc, en son second chapitre .......................................................44

Chapitre 4 - Selon Matthieu, en son second chapitre................................................73

Chapitre 5 - Selon Luc, en son second chapitre (suite et fin)....................................91

Chapitre 6 - Selon Matthieu, en son premier chapitre.............................................100

Oui, je veux morebooks!

# I want morebooks!

Buy your books fast and straightforward online - at one of the world's fastest growing online book stores! Environmentally sound due to Print-on-Demand technologies.

## Buy your books online at
### www.get-morebooks.com

Achetez vos livres en ligne, vite et bien, sur l'une des librairies en ligne les plus performantes au monde!
En protégeant nos ressources et notre environnement grâce à l'impression à la demande.

## La librairie en ligne pour acheter plus vite
### www.morebooks.fr

OmniScriptum Marketing DEU GmbH
Heinrich-Böcking-Str. 6-8
D - 66121 Saarbrücken
Telefax: +49 681 93 81 567-9

info@omniscriptum.com
www.omniscriptum.com

www.ingramcontent.com/pod-product-compliance
Lightning Source LLC
Chambersburg PA
CBHW032302150426

43195CB00008BA/547